AF555532

ACTE 1er, SCÈNE XIII.

QUITTE OU DOUBLE,

COMÉDIE EN DEUX ACTES, MÊLÉE DE COUPLETS,

par MM. Ancelot et Paul Duport,

MISE EN SCÈNE DE M. VIZENTINI.

REPRÉSENTÉE, POUR LA PREMIÈRE FOIS, A PARIS, SUR LE THEATRE DU VAUDEVILLE, LE 19 SEPTEMBRE 1840.

PERSONNAGES.	*ACTEURS.*	*PERSONNAGES.*	*ACTEURS.*
LE MARQUIS DE BLANDAS.	M. ÉMILE TAIGNY.	UN SERGENT.	M. CAMIADE.
VERNOUILLET, fermier général.	M. LEPEINTRE JEUNE.	Mlle HERMINIE DE TOURVEL.	Mme GUILLEMIN.
POLIVEAU, frère de lait du Marquis.	M. RAVEL.	ALINE DE POMMEREUIL, sa cousine.	Mme TAIGNY.
		UN DOMESTIQUE, INVITÉS, RECORS.	

La scène se passe en 1768, au premier acte, dans la maison de campagne de Vernouillet, à Meudon; au deuxième acte, deux ans après, chez mademoiselle Herminie de Tourvel, à Lille.

NOTA. Les personnages sont placés en tête de chaque scène comme ils doivent l'être au théâtre; le premier indiqué occupe la gauche du spectateur.

ACTE PREMIER.

Le théâtre représente un jardin. A gauche du spectateur, un pavillon qui est censé tenir au château; on n'en voit que la fenêtre qui donne sur la salle et s'ouvre en dehors. A droite, un bosquet. Au fond, allées latérales.

SCENE PREMIERE.

Au lever du rideau, Poliveau est en scène, appuyé sur son râteau; il tient à la main un bouquet de violettes.

POLIVEAU, *seul.*

Allons, v'là ma besogne en bon train : mes fleurs sont arrosées, mes plates-bandes sont propres que c'est une bénédiction... mes allées ratissées a faire plaisir!... Ce que c'est que de nous, pourtant!... moi, frère de lait d'un marquis, jardinier chez un traitant, un fermier général, un gripe-sou!... ah! ce n'était pas là ce que j'aurais voulu!... Il me semblait que j'étais né pour autre chose, et qu'un mousquet m'aurait paru moins lourd qu'un râteau... mais il faut bien se résigner à avoir pour maître un monsieur Vernouillet... Vernouillet!... quel nom!...

AIR : *Et voilà comme tout s'arrange.*

Intendant chez un grand seigneur,
J' l'ai vu n'ayant ni sou ni maille;
C' n'était alors qu'un p'tit voleur,
Maint'nant c'est en grand qu'il travaille!
J'sais comment monsieur Vernouillet
Chaqu' jour augment' son opulence :
Que d' mauvais herb's on arrach'rait
Si, comm' son jardin, il pouvait
Fair' ratisser sa conscience!

Mais je ne m'en chargerais pas!... la besogne serait trop rude!... Ah çà! v'là l' bouquet que j'ai préparé pour Mlle Aline de Pommereuil... Quelle charmante petite espiègle! comme c'est vif, alerte et gai!... (*Il regarde vers le fond.*) Eh bien!... eh bien!... c'est elle que j'aperçois... elle court... elle court... ah! Dieu me pardonne, elle court sur mes plates-bandes!... (*Il appelle.*) Mamselle Aline!... mamselle Aline!... Prenez donc garde!...

SCENE II.

POLIVEAU, ALINE.

ALINE, *qui entre en courant.*

A quoi?

POLIVEAU.

A mes plates-bantes... Vous marchez dessus.

ALINE.

Qu'est-ce que ça fait?

POLIVEAU.

Ça fait... ça fait du dégât.

ALINE.

Ah! c'est vrai, mon bon Poliveau, et j'ai tort!... moi détruire vos fleurs quand vous m'en faites de si jolis bouquets toutes les fois que je viens ici!

POLIVEAU, *lui présentant son bouquet de violettes.*

Et encore ce matin, mamselle!... Je n'ai pas oublié que vous adorez la violette.

ALINE, *le prenant et le respirant.*

Oh! merci!... Un parfum!... (*L'attachant à sa ceinture.*) Raison de plus pour que je regrette d'avoir tout-à-l'heure... mais, voyez-vous, c'était plus fort que moi!... le plaisir, la joie...

POLIVEAU.

Il vous est donc arrivé un grand bonheur?

ALINE.

Le plus grand de tous!... Je ne suis plus au couvent.

POLIVEAU.

Ah bah!...

ALINE.

De ce matin!... Et voilà pourquoi, en arrivant ici, j'avais besoin de courir, de sauter, pour me bien prouver que je suis libre!... libre!... quelle idée! quel mot!... et penser que ce n'est plus seulement pour quelques heures, pour une journée... mais pour toute la vie... oh! vous n'imaginez pas ce qu'on éprouve, vous!... vous n'êtes jamais sorti d'un couvent d'ursulines.

POLIVEAU.

Je n'y suis même jamais entré... (*A part.*) Malheureusement! (*Haut.*) Ah çà! votre cousine, Mlle Herminie de Tourvel, s'est donc laissé toucher par vos prières?

ALINE.

Elle?... une vieille fille?... non, non!... ça n'a pas de sensibilité!

POLIVEAU.

Quelquefois!... ça dépend!...

ALINE.

N'était-ce pas de la barbarie?... elle, ma seule parente, au lieu de me garder à Lille, dans sa maison, quand je suis devenue orpheline, m'envoyer à Paris dans ce maudit couvent où je serais morte d'ennui si la femme de votre maître, cette chère Isaure, n'était venue me chercher de temps en temps, pour m'amener ici dans sa campagne de Meudon!... elle a si bon cœur!...

POLIVEAU.

Dam!... la femme d'un fermier général!... il faut qu'elle en ait pour deux dans le ménage.

ALINE.

Malheureusement, le soin de sa santé l'avait obligée de partir il y a deux mois pour les eaux d'Aix.

POLIVEAU.

Ça, c'est vrai... toujours malade... les chagrins...

ALINE.

Des chagrins!... et lesquels?

POLIVEAU.

Ma foi! quand il n'y aurait que celui de s'appeler Mme Vernouillet, pour une femme qui avait de la naissance, qui en était fière... un nom comme ça... (*A part.*) Encore c'est ce qu'il y avait de plus beau dans le mari.

ALINE.

Eh bien! si c'est la tristesse qui l'a fait partir, je n'en ai pas eu moins à rester; ne sortant plus du couvent, sans espoir de visites et de distraction, je n'y tenais plus... je me dis : Il faut à tout prix que je m'affranchisse de mes tyrans.

POLIVEAU.

Des tyrans embéguinés.

ALINE.

Et pour ça, il n'y a qu'un moyen, c'est d'être pour elles encore plus insupportable qu'elles ne le sont pour moi, et de les forcer à me renvoyer elles-mêmes; ce qui fut bientôt fait!

AIR de *Marianne.*

Prenant les clefs de la tourière,
Des sœurs divulguant les secrets,
Souvent, quand sonnait la prière,
J'avais caché les chapelets;
Les friandises
Les plus exquises

Disparaissaient sous mes terribles mains :
Dieu! quel pillage!
Quel gaspillage!
Adieu, sirops, macarons, massepains!
En paradis, on peut m'en croire,
Elles iront, grâce à mes soins,
Car mon séjour leur vaut au moins
Cent ans de purgatoire.

Aussi elles ne m'appelaient plus que le petit démon, le mauvais sujet : voilà comment j'en suis venue à mon honneur.

POLIVEAU, *riant.*

Il est joli, l'honneur! c'est donc ça qu'elles s'informaient si souvent du retour de Mme Vernouillet? et à peine est-elle arrivée d'hier au soir, crac, voilà qu'on vous expédie ici ce matin.

ALINE.

C'est la première fois que j'ai obéi de bon cœur, car ma cousine ne pourra se dispenser de me reprendre, de me garder près d'elle à Lille, dans cette ville, la plus amusante, dit-on, de tout le royaume, qui est constamment le passage de toute la noblesse, depuis qu'on a la guerre en Flandre... et alors...

POLIVEAU.

Alors?...

ALINE.

AIR : *Vaudeville du Piége.*

Parmi ces officiers brillans
Que la guerre amène dans Lille,
Je puis trouver...

POLIVEAU.

Un mari? je comprends!
Mais ils n' font qu' passer dans la ville.

ALINE.

Raison de plus... on nous dit qu'ici bas
Où l'homme est en pélerinage,
Le bonheur est passager!... en ce cas,
Il faut le saisir au passage.

POLIVEAU.

C'est juste... Diable!... diable!... on apprend à raisonner au couvent... mais, Mlle Aline, vous êtes bien pressée... à peine quinze ans, et déjà des idées de mariage... Regardez donc votre cousine, qui n'est pas encore mariée à plus de quarante ans.

ALINE.

Dont bien elle enrage... Elle était prude dans sa jeunesse; tous les partis qui se présentèrent, elle les rejeta avec dédain... ma foi, l'âge est arrivé, et les partis...

POLIVEAU.

Sont partis.

LE MARQUIS, *de loin à la cantonade.*

C'est bon, j'attendrai dans le jardin.

ALINE.

Qui vient là? ce n'est pas votre maître?

POLIVEAU.

M. Vernouillet?... non, au contraire, c'est un tout jeune homme, bien avenant, bien aimable.

ALINE, *avec intérêt.*

Ah!

POLIVEAU.

Je ne dis pas ça parce qu'il est mon frère de lait, et que je me jetterais au feu pour lui; mais vrai, toutes les qualités... du cœur, de l'esprit... un beau nom... marquis de Blandas... M. Vernouillet a commencé par être l'intendant de son père... aussi, pauvre jeune homme, son héritage ne se compose guère que de sa bonne mine...

ALINE.

Mais comment se fait-il que je ne l'aie jamais rencontré ici?

POLIVEAU.

Parce qu'il n'y était jamais venu avant le départ de ma maîtresse... Il arrive de sa province.

ALINE.

Oh! je suis curieuse de le connaître.

POLIVEAU.

Justement... le voici...

SCENE III.

POLIVEAU, LE MARQUIS, ALINE.

LE MARQUIS, *sans voir Aline, qui se tient un peu à l'écart près du bosquet.*

Ah! Poliveau... je te cherchais.

POLIVEAU.

Moi, monsieur le marquis?

LE MARQUIS.

Sans doute.

ALINE, *à part.*

Le fait est qu'il est gentil!

LE MARQUIS.

Impossible de trouver Vernouillet.

POLIVEAU.

Ah! oui!... dans ses préparatifs pour fêter le retour de madame...

LE MARQUIS.

Qu'on dit fort jolie, et avec qui je serai charmé de faire connaissance... Mais en attendant, j'étais bien aise de causer avec toi.

POLIVEAU.

Vous êtes bien bon, monsieur Gaston, et surtout pas fier.

LE MARQUIS.

Dans mon intérêt, car tu me fais connaître ce Paris nouveau pour moi, et où tu es depuis quatre ans chez Vernouillet... la maison d'un fermier général, le rendez-vous du luxe et des gens à la mode.

POLIVEAU.

C'est sûr que j'avais belle à m'y déniaiser...

LE MARQUIS.

Et, heureusement, ce que tu gagnais en esprit, tu ne l'as pas perdu en bon cœur. Aussi j'aime à me souvenir que nous sommes frères...

POLIVEAU.

Et à le dire devant tout le monde, sans craindre les rieurs, comme dernièrement cet autre marquis...

LE MARQUIS.

Ah! M. de Bièvre...

POLIVEAU.

Qui vous disait en me regardant : « Ah ! c'est votre frère de lait ?... eh bien! tout le laid lui est resté. »

ALINE, *éclatant de rire.*

Ah ! ah !... ça, c'est bien vrai... ah ! ah!

POLIVEAU.

Merci.

LE MARQUIS.

Que vois-je?... une si jolie personne !... et tu ne me prévenais pas... Serait-ce à madame Vernouillet que j'ai l'honneur...?

ALINE.

Madame, moi?... Hélas ! non, monsieur! je ne suis encore que demoiselle, tout simplement.

LE MARQUIS.

Et fort heureusement pour nous, puisque ça nous laisse encore de l'espoir.

ALINE.

Monsieur !

POLIVEAU, *bas au Marquis.*

AIR de *Julie ou le pot de fleurs.*

Tenez, voyez! se trouble-t-elle !
Tout comme auprès d'un amoureux!

LE MARQUIS, *à Aline.*

Pourquoi rougir ainsi, mademoiselle,
Et nous dérober vos beaux yeux ?
Si devant ceux que charme tant de grâce
Vous persistez à les baisser,
Il vous faudra désormais renoncer
A regarder personne en face.

ALINE, *à part.*

Dieu, qu'il a d'esprit! (*Haut.*) En vérité, monsieur, je ne sais comment vous répondre... au couvent, on ne nous enseignait pas... mais j'ai de la bonne volonté; ainsi ne vous découragez point... continuez seulement à m'adresser des galanteries, et ça finira par ne plus m'embarrasser du tout.

LE MARQUIS.

Vraiment!

POLIVEAU, *bas au Marquis.*

Est-elle naïve!...

LE MARQUIS.

Adorable...

ALINE.

En attendant, je vais savoir si Mme Vernouillet est visible... et, alors, je lui annoncerai votre visite... je lui dirai qu'un marquis très-aimable, d'une jolie tournure...

LE MARQUIS, *avec un geste de modestie.*

Mademoiselle...

ALINE, *se reprenant.*

Ah! c'est vrai!... je ne devais peut-être pas dire devant vous... mais, c'est égal, n'y faites pas attention. Une autre fois je garderai ces observations-là pour moi seule. (*Lui faisant une belle révérence.*) Monsieur le marquis...

LE MARQUIS.

Permettez, de grâce...

Il lui donne la main, la reconduit jusqu'à l'allée qui est derrière le pavillon, et la salue; nouvelle révérence d'Aline. Elle sort.

SCENE IV.

LE MARQUIS, POLIVEAU.

LE MARQUIS.

Voilà bien la petite espiègle la plus piquante que j'aie jamais vue.

POLIVEAU.

Et monsieur le marquis doit juger en connaisseur... Avec une mine comme la sienne, on a dû être à même de faire des comparaisons.

LE MARQUIS.

Moins que tu ne crois... J'ai commencé tard. La ruine de mon père l'avait forcé à se confiner dans notre vieux manoir ruiné comme nous.. Enfin, lorsqu'il y a un an je restai seul et maître de mes actions, je voulus compter avec moi-même, le compte ne fut pas long... mon héritage se bornait à une cinquantaine de mille livres.

POLIVEAU.

Ce que votre famille avait eu de rentes.

LE MARQUIS.

Je me dis alors :

AIR : *L'amour qu'Edmond a su me taire.*

Dans une somme aussi bornée
On a de quoi végéter cinquante ans,
Ou vivre, et bien vivre, une année...
Mon choix fut fait en peu de temps.
Vivre d'abord... la fortune infidèle
Est femme, et lui montrer, ma foi,
Que je ne m'occupe pas d'elle,
C'est la forcer à s'occuper de moi ;
Si je ne m'occupe pas d'elle,
Je la contrains à s'occuper de moi.

Je me mis donc à courir la Gascogne, la Provence, distribuant partout sur mon passage œillades, billets doux, fêtes et coups d'épée, rencontrant plus de plaisir que d'amour, et plus de volages que de cruelles.

POLIVEAU.

Les cruelles sont très-rares : n'en trouve pas qui veut.

LE MARQUIS.

J'en ai trouvé une pourtant.

POLIVEAU.

Ah bah!

LE MARQUIS.

Et où la vertu va-t-elle se nicher?... c'était aux eaux... aux eaux d'Aix.

POLIVEAU.

Tiens... juste où était Mme Vernouillet.

LE MARQUIS.

La femme de ton maître! je n'ai pas entendu prononcer son nom.

POLIVEAU.

Ah! dam! c'est qu'elle ne se souciait peut-être pas d'en faire parade... madame Vernouillet!... ça n'est pas beau!

LE MARQUIS.

Et puis, je n'avais qu'une seule pensée, la brillante conquête à laquelle j'aspirais... Jolie, spirituelle, langoureuse, et malgré cela coquette, ah!... coquette, comme les femmes qui veulent se dédommager d'être sages... Bref, sa résistance m'avait si fort piqué au jeu, que j'employai tout un grand mois à la séduire.

POLIVEAU.

Et elle fut séduite?

LE MARQUIS.

Je t'en fais juge... j'avais arraché un rendez-vous.

POLIVEAU.

Très-bien!

LE MARQUIS.

Et quand je m'y présentai, plus personne.

POLIVEAU.

Ah diable! très-mal.

LE MARQUIS.

Elle était partie deux heures auparavant.

POLIVEAU.

Elle aura eu peur de ne plus pouvoir se défendre.

LE MARQUIS.

Et, comme François Ier, je pouvais m'écrier: Tout est perdu, hors l'honneur... J'aurais bien couru après.

POLIVEAU.

Après son honneur!

LE MARQUIS.

Mais comment savoir où elle était allée? d'autant plus qu'une découverte vint ajouter à mon embarras. Elle se faisait appeler la duchesse de Cergy.

POLIVEAU.

Des duchesses!... rien que ça!

LE MARQUIS.

Et je sus que celle à qui appartenait ce titre était une douairière vieille et laide. Ce n'était donc pas ma fugitive.

POLIVEAU.

Je disais aussi: une duchesse qui se sauve... allons, allons... elles passent pour plus braves que ça.

LE MARQUIS.

D'ailleurs, un obstacle décisif: ma situation financière... le papillon avait fourni sa belle mais courte existence; le moyen de voltiger encore au soleil quand ses ailes n'étaient plus dorées? Je renonçai donc à poursuivre mon inconnue, et laissant en chemin l'amour, le sentiment, toutes les belles illusions, je me rendis à Paris pour y faire ma fortune.

POLIVEAU.

C'est ce qu'on a de mieux à y faire.

LE MARQUIS.

Et justement, une occasion admirable... un régiment que je puis avoir!

POLIVEAU, *avec élan.*

Un régiment, monsieur Gaston!

AIR: *Qu'il est flatteur d'épouser celle.*

A vous!... quel bonheur! quelle ivresse!
Un régiment... ce que déjà
Pour vous je désirais sans cesse,
Car je m' disais: Il m'enrôl'ra.
Lui que jadis, et dès l'enfance,
Avec tant d' zèle j'ai servi,
N' me r'fus'ra pas, en récompense,
D'aller me fair' tuer pour lui.

LE MARQUIS.

Brave garçon!

POLIVEAU.

Au diable le râteau, la bêche et le Vernouillet! Quand nous mettons-nous en campagne?... Quel sera notre uniforme?

LE MARQUIS.

Doucement!... comme tu y vas!... Rien de conclu encore!... le régiment est disponible... voilà tout!... Un colonel qui est dans de mauvaises affaires, obligé de vendre tout de suite... j'ai fait des offres... cent mille livres.

POLIVEAU.

Cent mille livres!

LE MARQUIS.

Comptant... ça ne serait pas cher.

POLIVEAU.

Et de quoi payer?... Encore si vous n'aviez pas mangé vos cinquante mille...

LE MARQUIS.

Fi donc!... je serais en déficit de moitié. (*Souriant.*) Et je ne fais rien à demi.

POLIVEAU.

Mais...

LE MARQUIS, *l'interrompant.*

Mais tout va dépendre d'un projet qui m'amène ici... et j'espère...

VERNOUILLET, *en dehors.*

Vite!... avant que ma femme sorte de chez elle.

POLIVEAU.

Voilà mon maître.

LE MARQUIS.

Vernouillet... laisse-moi lui parler... et rends-moi un service.

POLIVEAU.

Dix, vingt, trente, jamais assez.

LE MARQUIS.

Va-t'en à l'autre bout de Meudon... cette belle maison de campagne qui est au premier commis des bureaux de la guerre.

POLIVEAU.

Je connais ça...

LE MARQUIS.

Il doit me faire annoncer si ma dernière offre a été acceptée.

POLIVEAU.

Les cent mille livres?... Soyez tranquille... dans un instant je vous apporte la réponse.

SCENE V.

LE MARQUIS, VERNOUILLET.

VERNOUILLET, *de l'intérieur du pavillon.*

Rangez ces tableaux, ces porcelaines... que ma femme en entrant dans le pavillon trouve toutes les surprises que je lui ai ménagées. (*Il ouvre derrière le pavillon une porte dont on voit l'extrémité quand elle s'ouvre; après l'avoir refermée, il paraît en scène.*) Ah! c'est notre jeune marquis... comment! ici... au jardin...

LE MARQUIS.

Oui... je n'ai pas de vocation pour les antichambres... et puisque vous me faites attendre...

VERNOUILLET.

Dam!... c'est parce que...

LE MARQUIS.

AIR : *Du partage de la richesse.*

Allons, n'en faites pas mystère,
Vous souvenant d'avoir jadis
Plus d'une fois attendu chez mon père,
Vous vous rattrapez sur le fils.

VERNOUILLET.

Non pas, non pas, mais ma femme m'accable,
Par son retour, de mille soins pressans;
Vous concevez! pour lui plaire, être aimable?

LE MARQUIS, *le regardant.*

Ça doit vous prendre bien du temps,
Ça doit, au fait, vous prendre bien du temps!

VERNOUILLET.

Mais me voilà tout à vous. De quoi s'agit-il?

LE MARQUIS.

D'une affaire que je viens vous proposer.

VERNOUILLET.

Une affaire!... dans votre situation...

LE MARQUIS.

Vous voulez dire, ma pauvreté, que vous connaissez mieux que personne, et pour cause... car elle date de l'époque où vous étiez intendant chez nous. Notre fortune baissait rapidement tandis que la vôtre s'élevait dans la même proportion, et un beau jour il s'est trouvé que nous n'avions plus rien, et que vous étiez riche.

VERNOUILLET.

Il est vrai; le hasard m'avait favorisé... mais enfin, l'affaire en question? Comptez sur tout mon intérêt, toute mon amitié.

LE MARQUIS, *avec une nuance de dédain.*

Oh! l'amitié!... Tenons-nous-en à l'intérêt... comme il y a cent pour cent à gagner.

VERNOUILLET.

Cent pour cent!

LE MARQUIS.

Il me semble que c'est un intérêt fort honnête.

VERNOUILLET.

Ça me va... ça me va très-bien... expliquez-vous.

LE MARQUIS.

C'est bien simple... et voici qui va suffire pour vous mettre au courant de tout.

Il lui présente un papier.

VERNOUILLET, *le prenant.*

Voyons, voyons!... donnez vite.

SCENE VI.

LES MÊMES, ALINE.

ALINE, *ouvrant la fenêtre du pavillon.*

Ce pavillon est d'un sombre!... Ah! le jeune marquis encore là... tiens, avec M. Vernouillet! Que peuvent-ils avoir à se dire!...

VERNOUILLET, *après avoir lu.*

Ah çà! ce papier est un billet...

LE MARQUIS.

A ordre.

VERNOUILLET.

De deux cent mille livres...

LE MARQUIS.

Justement.

VERNOUILLET.

Signé de vous.

LE MARQUIS.

Avec paraphe.

VERNOUILLET.

Que voulez-vous que j'en fasse?

LE MARQUIS.

Écoutez-moi.

ALINE, *à part.*

Oh! bien volontiers!

LE MARQUIS.

Vous savez que pour s'établir dans le monde, l'essentiel est d'y paraître établi, d'avoir un bon point de départ, de débuter avec avantage. Aussi, n'est-ce point en marquis solliciteur, non, c'est en colonel victorieux que je veux me montrer d'abord; c'est par les champs de bataille que je veux arriver à la cour.

ALINE, *à part.*

Fier et brave!... Il a donc tout!...

LE MARQUIS.

Je n'ai pas d'argent.

ALINE, *à part.*

Ah oui! il n'y a que ça qui lui manque!

LE MARQUIS.

Il ne me faut que cent mille livres: j'ai compté sur vous pour me les prêter, et dans un an je m'engage, par ce billet en bonne forme, à vous rendre le double.

VERNOUILLET.

Le double, c'est beaucoup.

ALINE, *à part.*

C'est moitié trop.

VERNOUILLET.

Et ce n'est pas assez.

ALINE, *à part.*

Par exemple!

LE MARQUIS.

Plait-il?

VERNOUILLET.

Pour répondre d'une pareille somme, quel nantissement me donnerez-vous?

LE MARQUIS.

Comment! vous prêtez sur gage!

VERNOUILLET.

Il serait plus sûr de ne pas prêter du tout... mais quand on est obligeant... Voyons, en fait de garantie, qu'avez-vous à m'offrir?

LE MARQUIS.

Ce que je possède de plus précieux.

ALINE, *à part.*

Ah! quoi donc?

LE MARQUIS.

Ma personne.

ALINE, *à part.*

Tiens! c'est drôle!

VERNOUILLET.

Votre personne?

LE MARQUIS.

En propre personne.

VERNOUILLET.

Je suis curieux de savoir quelle garantie ça présente.

ALINE, *à part.*

Moi aussi, je suis curieuse.

LE MARQUIS.

Rien de plus simple, et puisque les circonstances me forcent de faire violence à ma modestie, et de me souvenir que le domaine de mes aïeux, le marquisat de Blandas, est sur les bords de la Garonne, eh bien! pour aborder franchement la question, regardez-moi. Que dites-vous de cet air, de cette tournure? n'ai-je pas la jambe fine, la taille bien prise, les dents belles, les yeux à fleur de tête? j'en appelle à toutes les jeunes héritières, est-ce que ça ne vaut pas bien deux cent mille livres, surtout quand je pourrai y joindre un brillant uniforme? et que sait-on? quelques souvenirs de gloire, doutez-vous que je ne finisse par trouver une jolie main, accompagnée d'une jolie dot, pour faire honneur à ma signature?

ALINE, *à part.*

Au fait!

VERNOUILLET.

C'est-à-dire que vous offrez à un fermier général hypothèque sur votre physique.

LE MARQUIS.

Ça vous va-t-il?

ALINE, *à part.*

Dieu! si j'étais fermier général, moi!

VERNOUILLET.

Je conviens, monsieur le marquis, que nous voyons tous les jours des mariages qui justifient votre calcul, et aussi n'hésiterais-je pas, sans une petite difficulté.

LE MARQUIS.

Laquelle?

VERNOUILLET.

Vous voulez commencer par vous faire colonel?

LE MARQUIS.

Sans doute.

VERNOUILLET.

Et si ça vous empêche de finir par être mari?

AIR de *l'Ecu de six francs.*

Vous n'avez que votre personne
Pour tout capital clair et net;
La spéculation n'est bonne
Que s'il reste intact et complet,
Pour votre conjugal projet;
Or la guerre a tant de caprices!
Un boulet de canon brutal
Peut entamer le capital
Et glacer les spéculatrices.

ALINE, *à part.*

O ciel!

LE MARQUIS.

Est-ce là ce qui vous arrête?... qui ne risque rien n'a rien.

VERNOUILLET.

Oui; mais qui risque tout a encore moins.

ALINE, *à part.*

Fi! l'avare!...

LE MARQUIS.

Vous qui me promettiez tant d'empressement à me rendre service!

VERNOUILLET.

Si je l'avais pu sans hasarder si gros jeu... mais cent mille livres... Charité bien ordonnée commence par soi-même.

LE MARQUIS.

Et finit où elle commence. N'en parlons plus, et puisque vous me refusez...

VERNOUILLET.

Au contraire, je vous offre...

ALINE, *à part, avec joie.*

Ah!...

VERNOUILLET.

A dîner avec ma femme.

ALINE, *à part.*

Rien que ça.

VERNOUILLET.

Vous passerez la journée ici, vous ajouterez au charme et à la gaieté de notre petite fête; et si vous ne m'avez pas pour créancier, vous m'aurez du moins pour ami.

LE MARQUIS, *avec dédain.*

Pour ami!... Vous me faites bien de l'honneur, monsieur... (*appuyant avec une nuance d'ironie*) Vernouillet... je regrette de n'en pouvoir profiter.

VERNOUILLET.

Si fait, il le faut.

ALINE, *à part.*

Eh oui!

Elle quitte la fenêtre et disparaît.

LE MARQUIS.

On m'attend.

VERNOUILLET.

Venez, du moins, que je vous présente à ma femme; elle réussira peut-être mieux que moi à vous retenir.

LE MARQUIS.

Impossible, vous dis-je... il faut que je parte.

VERNOUILLET, *se retournant et voyant Aline.*

Eh mais! Mlle Aline!...

ALINE, *qui est arrivée en scène.*

Me voici.

VERNOUILLET.

Que faisiez-vous là?

ALINE, *hésitant.*

Moi... je... j'avais... j'étais venue m'assurer si les tableaux sont placés dans un jour favorable.

VERNOUILLET, *au Marquis.*

Oh! c'est que vous ne connaissez pas ce pavillon, le boudoir mystérieux, l'asyle favori de mon Isaure.

LE MARQUIS, *comme frappé de ce nom.*

Isaure!

VERNOUILLET.

Je l'ai fait décorer à neuf en son absence, garnir de tableaux...

ALINE.

Assez médiocres...

VERNOUILLET.

Mais des cadres superbes, éblouissans de dorure. Regardez-moi un peu ce coup d'œil!

LE MARQUIS, *ironiquement, après s'être approché de la fenêtre.*

Il fait honneur à votre goût.

VERNOUILLET.

Oh! du goût, je me pique d'en avoir... on reconnaît aisément quand je me suis mêlé de quelque chose... Par exemple, ces porcelaines, hein? comme c'est choisi!... ces chinois, ces magots?

LE MARQUIS, *regardant.*

Oui, on vous reconnaît tout de suite. (*Avec une vive émotion.*) Ah! mon Dieu! ce portrait!...

VERNOUILLET.

En costume de bergère avec des rubans roses et des moutons blancs. N'est-ce pas, vous le trouvez joli?

LE MARQUIS, *agité.*

Oui, oui. (*A part.*) C'est mon inconnue!

VERNOUILLET.

C'est ma femme!

LE MARQUIS, *à part.*

Sa femme!

ALINE.

Cette bonne Isaure!

LE MARQUIS, *à part.*

Isaure! oui, c'est bien son nom... celui-là, elle ne l'avait pas changé.

VERNOUILLET.

Je suis fâché de ne vous la montrer qu'en peinture; mais puisque vous êtes si pressé...

LE MARQUIS, *à part.*

Maladroit! si j'avais su!

VERNOUILLET.

Je ne vous retiens plus. Permettez-moi seulement de vous reconduire jusqu'à la grille.

LE MARQUIS, *à part.*

Au diable! (*Haut.*) Ce cher Vernouillet! toujours des attentions, et avec un à-propos... Ah! décidément, pas moyen de vous résister... serviteur aux affaires... la première de toutes c'est de rester auprès d'une personne dont la présence a tant de charmes.

VERNOUILLET, *avec une modestie affectée.*

Ah! marquis!...

ALINE, *à part.*

C'est peut-être pour moi qu'il dit cela.

LE MARQUIS.

Une personne si aimable...

VERNOUILLET, *de même, en saluant.*

Ah!

ALINE, *à part, prenant l'éloge pour elle.*

Juste!

LE MARQUIS.

Si spirituelle...

VERNOUILLET, *de même, saluant toujours.*

Ah!

ALINE, *à part.*

C'est bien ça.

LE MARQUIS.

Enfin une personne que j'aime du fond du cœur.

ALINE, *à part.*

Il m'aime!

VERNOUILLET.

Vous me faites bien de l'honneur.

ALINE, *à part.*

Et dire qu'il a suffi de ma vue pour le faire rester!

SCENE VII.

POLIVEAU, LE MARQUIS, VERNOUILLET, ALINE.

POLIVEAU, *au Marquis.*

Monsieur Gaston, le secrétaire du premier commis vous fait dire que le régiment est à vous; on accepte vos cent mille livres.

LE MARQUIS.

Ça tombe bien: on accepte d'un côté, on refuse de l'autre... il y a compensation.

POLIVEAU, *étonné.*

Comment! on vous refuse!

ALINE, *à part.*

Ça ne serait pas moi toujours!

LE MARQUIS.

Demande plutôt à ton maître.

VERNOUILLET.

A propos, moi qui ne songeais pas à vous rendre votre billet de deux cent mille livres.

POLIVEAU.

Deux cent mille livres!... le double!... ce n'est pas possible.

LE MARQUIS, *passant à Poliveau le billet que Vernouillet lui rend.*

Si fait, mon garçon... regarde plutôt.

POLIVEAU.

C'est pourtant vrai!

LE MARQUIS.

Ce que c'est que le crédit! une belle invention. Voilà un papier officiel, et revêtu de son timbre, qui ce matin valait un petit écu; j'y ai mis ma signature, et à présent il ne vaut plus rien du tout.

ALINE, *à part.*

Est-il heureux de pouvoir rire de son malheur! moi, j'aurais plutôt envie d'en pleurer.

VERNOUILLET, *qui regarde au fond à droite.*

On ouvre chez ma femme!

AIR : *Va, mon garçon, il faudra te distraire.* (Fille de l'Avare, acte 1er, scène x.)

Elle est visible; allons, marquis, de grâce...

LE MARQUIS, *à part.*

Quel doux espoir! (*Haut.*) A l'instant me voilà!

POLIVEAU, *lui tendant son billet.*

Et ce billet...

LE MARQUIS.

Que veux-tu que j'en fasse?
Déchire vite... il n'est bon qu'à cela.

ALINE, *à part.*

J'ai cette dot qu'il cherche... et par décence
N'ose l'offrir : quel tourment, ici-bas
De ne pouvoir dire ce que l'on pense!
On dit si bien ce qu'on ne pense pas!

ENSEMBLE.

LE MARQUIS.

De me poursuivre enfin le sort se lasse,
Revoir Isaure! ô bonheur! elle est là,
A ma conquête allons avec audace,
L'amour du mois me favorisera.

ALINE, *à part.*

Qu'il serait doux de lui dire à voix basse :
Un sort meilleur à vous s'offre déjà;
Depuis long-temps vous courez sur la trace
D'une héritière? arrêtez... me voilà.

POLIVEAU.

Pauvre marquis, tant d'esprit et de grâce,
Un nom illustre, à quoi sert tout cela?
L'argent fait tout, sans lui tout est disgrâce;
Tout est succès aussitôt qu'on en a.

VERNOUILLET.

Allons, allons, marquis, entrez de grâce;
Avec plaisir chez moi l'on recevra
Le rejeton d'une si noble race.
(*A part.*)
Pour mon argent quel honneur ce sera!

Le Marquis, Vernouillet et Aline sortent derrière le pavillon.

SCENE VIII.

POLIVEAU.

Comment! c'est à mon maître que M. Gaston empruntait! et le grigou de fermier général, au lieu de rendre au fils une petite part de ce qu'il a pris au père, il refuse! il a le cœur de refuser! Ça ne m'étonne pas, au reste; tous ces parvenus de la finance, à chaque spéculation heureuse ils prennent un défaut de plus; c'est effrayant quand ils deviennent millionnaires... Et je ne pourrai pas trouver un moyen de tromper celui-là... ça serait pourtant pain bénit!... Voyons donc! cherchons un peu.

SCENE IX.

POLIVEAU, VERNOUILLET.

VERNOUILLET, *à la cantonade.*

Je suis à vous!... un ordre qui me reste à donner.

POLIVEAU, *rêvant.*

Si je... non, ce n'est pas encore ça.

VERNOUILLET.

Ah! Poliveau!

POLIVEAU.

Monsieur...

VERNOUILLET.

J'oubliais de te rappeler... Ce bouquet de roses qu'avant son départ ma femme avait l'habitude de trouver tous les matins sur sa toilette?

POLIVEAU.

Je l'ai porté il y a une heure.

VERNOUILLET.

Avec la faveur bleue que tu nouais autour?

POLIVEAU.

Tout comme je l'arrangeais autrefois.

VERNOUILLET.

Très-bien... une galanterie dont elle croit que je me donne la peine, et ça augmente son amour pour moi... ruse de guerre, il faut ça, c'est le talent d'un mari qui tient à ne pas être trompé, et j'y tiens!

POLIVEAU, *à part.*

Il y tient! lui qui mériterait... (*Comme frappé d'une idée.*) Ah çà!... ah çà!... mais... mais...

VERNOUILLET.

Aussi, puis-je répondre de ma femme; ce qui m'a permis de la laisser sans danger aller seule aux eaux d'Aix.

POLIVEAU, *à part.*

Aux eaux d'Aix!... et justement, M. le marquis... comme ça se trouve!...

VERNOUILLET.

Je parierais bien qu'elle n'y avait de pensée que pour moi.

POLIVEAU, *à part.*

M'y voilà! (*Haut, d'un ton de confidence solennelle.*) Eh bien! monsieur, vous perdriez.

VERNOUILLET.

Comment, je perdrais! que veux-tu dire?

POLIVEAU.

Ce que ma conscience me défend de vous taire plus long-temps. (*A part.*) C'est ça... un bon mensonge!

VERNOUILLET.

Comment? comment?... aurais-tu découvert qu'Isaure, que Mme Vernouillet...

POLIVEAU.

Oh! quant à elle, toujours sage, monsieur; et elle n'en a que plus de mérite, depuis qu'elle est poursuivie par un séducteur...

VERNOUILLET, *l'interrompant.*

Un séducteur!... quel est-il ?

POLIVEAU.

Ah! dam...

AIR *de Turenne.*

Jeune, hardi, bien fait, irrésistible!

VERNOUILLET.

Irrésistible?... Et tu disais pourtant
Qu'à ce séducteur si terrible
Ma femme avait résisté.

POLIVEAU.

Certain'ment.
De sa vertu j' réponds jusqu'à présent
Dans le passé, toujours intacte et pure,
J'en mettrais ma main au feu.

VERNOUILLET.

Bon!
Mais dans l'avenir?

POLIVEAU.

Ah! ça? non!
J' suis trop sensible à la brûlure.

Suffit qu'un bon averti en vaut deux... c'est à vous maintenant de prendre vos précautions.

VERNOUILLET.

Et je n'y manquerai pas... dès que tu vas m'avoir dit le nom du téméraire...

POLIVEAU.

Son nom, monsieur?

VERNOUILLET.

Sans doute, pour que je sache qui c'est...

POLIVEAU.

Ce n'est pas de moi que vous le saurez, monsieur... J'ai beau vous être dévoué, je ne peux pas malgré ça dénoncer le fils d'un ancien maître, un frère de lait...

VERNOUILLET.

Hein?...

POLIVEAU.

Non, je ne le dénoncerai pas.

VERNOUILLET.

Quoi!... ce serait le marquis?

POLIVEAU.

Ah! bah!... vous l'avez deviné... là, tout d'un coup!... quelle pénétration vous avez, monsieur!

VERNOUILLET.

Tu vois maintenant que tu ne peux plus rien me cacher.

POLIVEAU.

C'est vrai... il n'y a pas moyen; un pauvre jardinier à côté d'un homme comme vous... je ne suis pas de force.

VERNOUILLET.

Explique-moi donc ce qui a pu faire naître tes soupçons.

POLIVEAU.

Mes soupçons?... voilà, monsieur... c'est que tout-à-l'heure, il est venu à moi en me disant: « Poliveau, j'adore Mme Vernouillet, il faut que tu m'aides à la séduire... » Alors, j'ai soupçonné...

VERNOUILLET.

C'est juste... Ah!... le traître... Mais enfin, où l'a-t-il connue?

POLIVEAU.

Ah!... par exemple, ne me demandez pas ça, monsieur... je l'ai déjà bien assez trahi, sans aller vous apprendre encore qu'ils ont passé l'été ensemble.

VERNOUILLET.

Aux eaux d'Aix... en effet... j'y pense...

POLIVEAU.

Encore!... décidément, monsieur, rien ne vous échappe...

VERNOUILLET.

Plus de doute... c'est là qu'il sera devenu amoureux d'elle.

POLIVEAU.

Comme vous devinez!... comme c'est ça!... (*A part.*) Qu'est-ce que je risque? il n'y a pas un mot de vrai?

VERNOUILLET, *qui a réfléchi.*

Allons, allons; il faut qu'ils ne se revoient plus.

POLIVEAU.

Une bonne idée, monsieur... oh! que c'est adroit!... (*A part.*) Juste où je veux l'amener.

VERNOUILLET.

Mais par quel moyen?

POLIVEAU.

Ah! oui, le moyen, c'est difficile... (*A part.*) Nous l'y ferons bien venir.

VERNOUILLET.

Rien de plus aisé que de faire un éclat, de fermer ma porte au galant... mais ce serait me donner un ridicule.

POLIVEAU, *d'un air innocent.*

Et ce n'est pas la peine.

VERNOUILLET.

Règle générale : un homme d'esprit doit toujours ignorer quand on fait la cour à sa femme.

POLIVEAU.

J'ai même ouï dire que c'est pour ça que les Français sont le peuple le plus spirituel...

VERNOUILLET.

D'ailleurs, pourrais-je empêcher le fat de retrouver Isaure dans le monde, aux bals, aux spectacles... Non, non... il faudrait un moyen de l'éloigner de Paris.

POLIVEAU, *à part.*

Nous y voilà.

VERNOUILLET.

Mais lequel?... j'ai beau y rêver... avec ça qu'il a de l'esprit...

POLIVEAU.

Pardine!... et tenez tout-à-l'heure encore... une ruse infernale... ce régiment!... cette réponse qu'il m'envoyait chercher... l'emprunt qu'il voulait vous faire sur ce billet de deux cent mille livres...

VERNOUILLET.

Eh bien!...

POLIVEAU.

Eh bien!... j'ai idée que tout ça... une frime... pour vous faire accroire qu'il est pressé de partir, qu'il en meurt d'envie, et vous ôter toute défiance de ses visites chez vous.

VERNOUILLET.

Est-il possible?

POLIVEAU.

Pardine... vous l'auriez peut-être joliment attrapé si vous aviez consenti à sa demande... obligé de rejoindre l'armée, de renoncer à son objet...

VERNOUILLET.

A ma femme... Tiens... tiens... mais attends... attends... une idée qui m'arrive...

POLIVEAU, *à part.*

Eh! allons donc!

VERNOUILLET.

Ah! c'est qu'on ne me trompe pas aisément.

POLIVEAU.

Je crois bien... (*A part.*) J'en sue! je suis en nage.

VERNOUILLET, *se donnant une tape sur le front.*

Mon plan est là... J'achète pour lui le régiment en question... je le paie en me garantissant avec le billet qu'il m'avait offert, et que tu as dans les mains, et comme j'ai pour voisin et ami le premier commis des bureaux de la guerre, je lui fais expédier son brevet dès aujourd'hui, avec ordre de rejoindre sur-le-champ l'armée.

POLIVEAU, *à part.*

Quand je lui soufflerais... (*Haut.*) Ah! monsieur!... monsieur! vous avez trouvé tout ça à vous seul.

VERNOUILLET, *faisant jabot.*

Oui, mon garçon.

POLIVEAU.

Dieu!... qu'on est heureux d'avoir de l'esprit!... moi ça ne me serait jamais venu à l'idée... Allons, monsieur, votre plan est trop beau pour ne pas être exécuté tout de suite, et si vous voulez que je vous accompagne...

VERNOUILLET.

Sans doute... allons... Un instant, cependant, n'allons pas si vite... Je fais une réflexion...

POLIVEAU.

Laquelle?

VERNOUILLET.

Tu crois que le marquis n'a imaginé cette histoire de régiment que pour favoriser son amour... mais si c'était tout le contraire?

POLIVEAU, *à part.*

Aye! aye!...

VERNOUILLET.

Si cette confidence d'une prétendue passion n'avait pour but que de m'engager à lui acheter le régiment?

POLIVEAU.

Monsieur, vous me croiriez capable...

VERNOUILLET.

Oh! non!... pas toi... tu es trop innocent; mais lui!... comme tu le disais tout-à-l'heure, il est rusé!... et avant de hasarder cent mille livres, je veux m'assurer que c'est nécessaire, épier dans ses gestes, dans ses regards les moindres indices d'un amour véritable.

POLIVEAU, *à part.*

Tout est perdu... lui qui en aime une autre!

SCENE X.

ALINE, VERNOUILLET, POLIVEAU.

ALINE, *rencontrant Vernouillet qui va sortir, et le ramenant.*

Ah! monsieur Vernouillet, que je suis aise de vous retrouver!... J'ai quelque chose à vous dire.

VERNOUILLET.

Pardon... mais...

ALINE, *le retenant.*

Vous êtes bien pressé... pourquoi ça...

VERNOUILLET.

La nécessité de... de rejoindre le marquis... de lui faire les honneurs de chez moi...

ALINE.

N'est-ce que ça?... soyez tranquille... il ne s'apercevra guère de votre absence. Isaure et lui ne s'ennuient pas ensemble, je vous assure.

VERNOUILLET.

Comment?

ALINE.

Oh!... c'est que vous ne savez pas... ils n'étaient pas du tout étrangers l'un pour l'autre... ils s'étaient déjà vus... beaucoup... mais beaucoup...

VERNOUILLET.

Ah! ah!...

POLIVEAU, *à part.*

Tiens!

ALINE.

Et le plaisir de renouer connaissance... Vrai, si vous étiez là, vous seriez content de lui!... (*D'un ton confidentiel.*) Entre nous, on dirait qu'il a envie de la mettre dans ses intérêts pour obtenir quelque chose d'elle.

VERNOUILLET.

Vous vous êtes aperçue de ça?

ALINE.

Très-bien... et ça m'a même donné des idées.

VERNOUILLET.

Des idées?... (*Bas avec un soupir comique.*) Ah! Poliveau!

POLIVEAU, *parodiant son soupir.*

Ah! monsieur!... (*A part, montrant Aline.*) Me sert-elle bien sans s'en douter!

VERNOUILLET, *à lui-même.*

Courons empêcher le tête-à-tête.

Il veut encore sortir.

ALINE, *le retenant de nouveau.*

Eh bien!... restez donc... ce que je viens de dire doit vous ôter toute inquiétude.

POLIVEAU, *à part.*

Oui, joliment!...

ALINE.

Écoutez-moi!... au langage, au maintien du marquis, j'ai cru deviner qu'il avait des vues, des intentions.

VERNOUILLET, *d'un ton de dénégation.*

Mademoiselle...

ALINE.

Eh bien!... où serait le mal?... est-ce qu'il n'est pas libre, ce jeune homme?... (*Appuyant avec lenteur, et baissant les yeux, de manière à indiquer au public qu'elle veut parler d'elle.*) Et à coup sur, quelle que soit la personne à laquelle il désire plaire, il faudrait qu'elle fût bien difficile pour qu'il ne réussît pas.

VERNOUILLET, *à part.*

Merci!

POLIVEAU, *à part.*

Elle est rassurante, la petite.

ALINE, *tirant Vernouillet à part, d'un ton mystérieux.*

Dites donc, est-ce qu'il ne vous a pas confié ses vues, et le nom de la personne qu'il aime?

VERNOUILLET, *à part.*

Par exemple! il n'aurait plus manqué que ça. (*Haut.*) Non, non, mademoiselle...

ALINE.

Ah! c'est singulier... Enfin, n'importe... si ça vient plus tard, vous me le redirez, n'est-ce pas?

VERNOUILLET.

Comptez là-dessus. (*Bas à Poliveau.*) Il n'y a pas un instant à perdre, va m'attendre à la grille.

AIR : *Un homme pour faire un tableau.*

Je cours interrompre à l'instant
Leur entretien, et sors ensuite
Pour acheter ce régiment!
POLIVEAU, *à Vernouillet qui sort.*
Ça suffit, monsieur, allez vite.
(*A part.*)
Victoire, tout m'a réussi,
Il est dup' de mes rus's de guerre;
Mais il faut convenir aussi
(*Regardant Aline.*)
Que j'avais un joli compère,
J'avais un bien joli compère.

(*Il sort.*)

SCENE XI.

ALINE.

Qu'est-ce qu'il a donc, M. Vernouillet? il ne fait pas même attention à ce que je lui dis... et pourtant ça en vaut bien la peine. Oh! oui... quand je me rappelle... le marquis... tout-à-l'heure... il avait un air si langoureux, si tendre... je n'ai pas l'expérience de l'amour, malheureusement!... mais on doit avoir cet air-là quand on aime... et qui aime-t-il ici?... Ça ne peut pas être Isaure, elle est mariée. Or, il n'y avait là que nous deux. (*Vivement.*) Si c'était moi! pourquoi non?... On dit que les grandes passions viennent toujours à première vue... Eh bien! il m'a vue ce matin pour la première fois, la condition s'y trouve, qu'il se déclare donc alors!

AIR : *Malheur à toi.* (Adhémar.)

Oui, c'est à lui d'exprimer sans détour
Les sentimens que ma vue a fait naître:
J'ignore encore, et désire connaître,
Et mon cœur bat au seul nom de l'amour.
Ah! qu'il se dépêche!
Quel motif l'empêche
De parler ici?
Je voudrais l'entendre;
Mais il faut attendre
Pour parler aussi.

Eh! mais, je l'aperçois là-bas!... Il sort de la maison avec M. Vernouillet... il le quitte... il vient seul de ce côté... C'est clair... il m'aura vue... Ah! voilà la peur qui me gagne... Cachons-nous là en attendant.

Elle entre dans le bosquet à droite du public.

SCENE XII.

LE MARQUIS, ALINE, *cachée.*

LE MARQUIS, *à lui-même et bas.*

Chère Isaure!... quel danger!... j'étais à ses genoux quand il est entré!... j'ai feint de ramasser son éventail... et elle... quelle présence d'esprit! « Pardon, M. le marquis, si je vous quitte pour passer dans ma chère retraite, dans mon pavillon... » Son pavillon!... celui-là... sans doute une manière adroite de m'indiquer un rendez-vous.

ALINE, *dans le bosquet.*

Eh bien!... il reste là sans rien dire... je me serai cachée trop vite... il n'a pas vu où.

La persienne du pavillon se ferme.

LE MARQUIS, *à part.*

C'est elle!... Allons... les momens sont précieux. (*Haut, tourné du côté du pavillon.*) J'accours ici près de vous... je sais que vous m'entendez.

ALINE, *à part.*

Je respire... il sait où je suis.

LE MARQUIS.

Dois-je croire que je ne vous suis pas indifférent, comme vos yeux semblaient aujourd'hui me l'apprendre?

ALINE, *à part.*

Quoi! mes yeux?... Ah! c'est bien d'eux-mêmes... je ne leur faisais pas dire.

LE MARQUIS.

Si j'ai bien compris leur langage, si mon amour a su vous toucher, cet aveu que vous ne me feriez pas en face, qu'un gage muet y supplée, gage de tendresse qui m'autorise à pénétrer jusqu'à vous.

ALINE, *à part.*

Quel gage lui faut-il donc?. . qu'il le dise au moins... moi qui n'ai pas l'habitude...

LE MARQUIS.

Le léger obstacle qui nous sépare, je n'ose le franchir, retenu par la crainte de vous offenser... Eh bien! qu'un signe me rassure et m'enhardisse... ce bouquet que j'ai vu tantôt à votre ceinture...

ALINE, *regardant son bouquet de violettes.*

Plus de doute! celui-là !...

LE MARQUIS.

Qu'il vous échappe, qu'il tombe devant moi, et devienne la promesse de mon bonheur.

ALINE, *à part.*

Son bonheur... Oh! s'il ne faut que ça pour le faire...

LE MARQUIS.

Par pitié, par grâce, n'hésitez plus.

ALINE, *à part.*

Est-il impatient!

LE MARQUIS.

Pas de réponse! (*A part.*) Allons, les grands moyens!... ça m'a réussi quelquefois. (*Haut.*) Vous vous taisez?... vous me condamnez à un éternel malheur?... Eh bien! que ferais-je maintenant d'une vie que vous refusez d'embellir?... Non! non!... croyez-le bien... je ne survivrai pas aux espérances qui m'enivraient!... si vous restez sourde à mes prières, adieu pour jamais... tout est fini!

ALINE, *à part.*

Ah! mon Dieu!... en effet... j'ai entendu dire que des amans s'étaient tués pour moins que ça.

LE MARQUIS.

Rien ne peut donc vous fléchir... c'est ma mort que vous voulez?

ALINE, *à part.*

Sa mort!... j'aurais à me la reprocher... pour un bouquet!

LE MARQUIS.

Eh bien! vous serez satisfaite... et mon épée...

Il fait le geste de la tirer.

ALINE.

Ciel!

Elle jette son bouquet de violettes, tandis qu'un bouquet de roses passe à travers la persienne du pavillon qui s'entr'ouvre.

LE MARQUIS, *avec transport, voyant paraître le bouquet de roses.*

Ah!.. ça réussit toujours!... qui m'arrêterait maintenant?

Il s'élance et disparaît; le bouquet de roses tombe au pied du pavillon.

ALINE, *seule, dans le bosquet.*

Il va venir là... oh! je voudrais me sauver... et je n'ai plus de force... Eh bien! il ne vient pas... qu'est-ce qu'il attend?... je ne peux pourtant pas en faire davantage.

SCÈNE XIII.

POLIVEAU, VERNOUILLET, ALINE, *dans le bosquet.*

VERNOUILLET.

Oui, Poliveau, cherche le marquis... dis-lui que tu m'as remis son billet, et que dans deux heures il recevra son brevet de colonel.

POLIVEAU.

J'y cours, monsieur.

ALINE, *à part.*

On se parle!... du monde!... (*Elle sort du bosquet.*) Ah! Poliveau!... et M. Vernouillet... Je ne m'étonne plus... c'est vous qui l'aurez fait fuir.

VERNOUILLET.

Fuir!... qui donc?

ALINE.

Le marquis...

POLIVEAU.

Il était là?

ALINE.

Sans doute... et ce que vous ignoriez tout-à-l'heure, moi je viens de l'apprendre; je sais qui il aime!

VERNOUILLET.

Ciel! il aurait eu l'indiscrétion...

ALINE.

Dites plutôt qu'il y a mis une délicatesse... j'étais cachée là (*montrant le bosquet*) pendant qu'il me déclarait son amour.

VERNOUILLET.

Son amour, à vous!

ALINE.

Certainement.

POLIVEAU.

Qu'est-ce que ça signifie?

ALINE.

Il était si tendre, si timide!... Enfin, croiriez-vous que pour gage de son bonheur il ne demandait qu'un bouquet?

POLIVEAU.

Je n'y suis plus du tout.

VERNOUILLET.

Quel bouquet?

ALINE.

Dam! le mien... et tenez, le voilà encore. (*Elle le montre au pied du bosquet.*) Ah!... il l'a laissé!

VERNOUILLET, *à Poliveau.*

Est-il possible?... c'est la petite qu'il aime!... Ah ça! imbécile, qu'est-ce que tu me contais donc?

POLIVEAU.

Dam!... monsieur, j'aurai mal entendu.

VERNOUILLET.

Une méprise qui me coûte cent mille livres.

POLIVEAU.

C'est encore moins désagréable pour vous que d'être...

VERNOUILLET, *l'interrompant.*

C'est juste!

ALINE.

Ce que je me demande, par exemple, c'est pourquoi le marquis s'est en allé, lui qui disait : « Que votre bouquet m'autorise, en tombant, à franchir l'obstacle qui nous sépare. »

POLIVEAU.

Ah! il disait cela?

ALINE.

Comme je vous le répète... et puis plus personne, disparu!

VERNOUILLET, *riant.*

C'est drôle, c'est très-drôle! (*En se détournant il voit le bouquet de roses tombé au pied du pavillon.*) Hein?... qu'est-ce que je vois donc là... contre le pavillon?

ALINE, *étonnée.*

Encore un bouquet!

VERNOUILLET, *le ramassant.*

De roses!... une faveur bleue!... celui de ma femme!

ALINE.

D'Isaure...

POLIVEAU.

Ah! mon Dieu!

VERNOUILLET.

Ma femme!... je devine tout!

POLIVEAU, *à part.*

Mon mensonge était une vérité.

VERNOUILLET, *voulant s'élancer en fureur.*

Ah! je cours...

ALINE, *l'arrêtant.*

Qu'est-ce qui vous prend?

VERNOUILLET, *se débattant.*

Laissez-moi...

ALINE.

Mais qu'y a-t-il donc?

VERNOUILLET, *hors de lui.*

Il y a... il y a... et j'ai donné cent mille livres pour ça...

Il s'élance vers le pavillon.

ACTE DEUXIÈME.

Le théâtre représente un riche salon; porte au fond. A droite du spectateur, une fenêtre. A gauche, une porte. A droite au deuxième plan, une autre porte. Une table de chaque côté; sur l'une d'elles tout ce qu'il faut pour écrire.

SCENE PREMIERE.

VERNOUILLET, ALINE DE POMMEREUIL, HERMINIE DE TOURVEL.

Au lever du rideau, Herminie de Tourvel est assise près d'une table à droite du spectateur; Vernouillet est assis près d'une autre table à gauche; Aline tient une raquette et joue au volant au milieu de la scène.

VERNOUILLET, *tenant à la main une lettre qu'il vient d'écrire.*

Mademoiselle Aline de Pommereuil veut-elle ou ne veut-elle pas écouter ce que j'écris à monseigneur l'abbé Terray?

ALINE.

Mais j'écoute, monsieur, j'écoute.

VERNOUILLET.

En jouant au volant?

ALINE.

Cela ne m'empêche pas d'entendre, et je vais vous le prouver : « Monseigneur, j'ai reçu mon » brevet de baron, et j'ai l'honneur de vous en » remercier. Pour prix du secours que j'ai prêté » à vos opérations financières, comme fermier- » général, vous m'aviez promis ce titre, à la » condition de conclure avec une demoiselle de » qualité un mariage qui me permît de substituer » le nom d'une de ses terres à mon vilain nom » de Vernouillet. Depuis plus d'un an que je suis » veuf, j'avais beaucoup cherché et n'avais rien » trouvé; mais enfin j'ai pensé à mademoiselle » Aline de Pommereuil, qui avait habité chez moi » à Paris il y a deux ans; je suis venu la rejoin- » dre à Lille, près de son honorée cousine ma- » demoiselle Herminie de Tourvel, et j'ai fait » mes propositions. » N'est-ce pas là ce que vous écrivez à M. le contrôleur général des finances?

VERNOUILLET.

A peu près... et j'ajoute : « Cette charmante » jeune fille a consenti à m'accorder sa main, » et notre mariage se conclut aujourd'hui 15 » mai 1770. Mademoiselle Aline de Pommereuil, » remplie de sagesse et de raison, malgré une » apparente frivolité, a compris qu'un homme » veuf, d'un certain âge, mais bien conservé et » fort agréable encore, était cent fois préférable » à un jeune étourneau de la cour.»

ALINE, *faisant sauter le papier avec sa raquette.*

Allons donc! ça n'a pas le sens commun ce que vous écrivez là!

VERNOUILLET.

Comment?

HERMINIE.

Aline!

ALINE.

Certainement ça n'a pas le sens commun!... et si vous tenez à faire savoir mes motifs à M. l'abbé Terray, je vais vous dicter ce qu'il faut écrire.

moi! « Mademoiselle Aline de Pommereuil, de-
» puis deux ans qu'elle habite auprès de sa noble
» cousine, s'ennuie comme une morte... »

HERMINIE.

Qu'est-ce que vous dites là?

ALINE.

La vérité, ma cousine, et je n'ai pas fini... écoutez : « Mademoiselle Herminie de Tourvel
» sèvre sa pauvre cousine de tous les plaisirs;
» elle la laisse seule à la maison pendant qu'elle
» va dans les bals, dans les fêtes, dans les spec-
» tacles. »

HERMINIE.

Est-ce la place d'une jeune personne?

ALINE, *continuant.*

» Alors, voyant qu'elle était encore plus es-
» clave qu'au couvent, et qu'il lui fallait absolu-
» ment un mari pour connaître à son tour les
» joies du monde, Aline de Pommereuil a pris
» le premier qui s'est offert. Dans son ennui, elle
» aurait accepté un magot; il est donc tout sim-
» ple qu'elle n'ait pas refusé M. Vernouillet. »

VERNOUILLET, *se levant.*

Oh! ma jolie fiancée!

HERMINIE, *se levant.*

Mais c'est affreux, mademoiselle!

ALINE.

AIR : *Vaudeville de l'Apothicaire.*

Oui, vraiment vous avez raison,
C'est affreux, à l'âge où vous êtes,
De me laisser à la maison,
Quand vous courez toutes les fêtes!
Dans ces salons où le plaisir
Chaque jour vous dit de vous rendre,
Vous allez pour vous souvenir.....
J'y voudrais aller pour apprendre.

HERMINIE.

Vous êtes bien curieuse!

ALINE.

Après ça, je vous pardonne parce que je connais vos motifs.

HERMINIE.

Mes motifs, mademoiselle, sont les convenances.

ALINE, *souriant.*

Oui; et l'envie que vous avez de vous marier.

HERMINIE.

Moi!

ALINE.

Vous-même!... vous avez cette envie là depuis l'âge de quinze ans, et il y en a trente que ça dure.

HERMINIE.

Mademoiselle...

ALINE, *riant.*

Quand il y a garnison ici, est-ce que vous ne croyez pas toujours que les officiers sont amoureux de vous?... qu'ils ne vont dans les fêtes et dans les bals que pour vous voir?

VERNOUILLET, *à part.*

Malicieuse enfant!

HERMINIE.

Ah! je me fâcherai, Aline.

ALINE.

Pourquoi, puisque je ne vous en veux pas?... Je comprends qu'une jeune fille de dix-sept ans à vos côtés pouvait nuire à vos espérances; eh bien, vous ne l'aurez plus... Sans rancune, ma cousine, et embrassez-moi.

HERMINIE.

Vous êtes une folle.

ALINE.

Qui dit la vérité en riant : cela vaut mieux que de se taire et de bouder.

HERMINIE.

Qu'il ne soit plus question de toutes ces extravagances! Songez, Aline, que votre mariage avec M. Vernouillet, maintenant baron Desgrignons, aura lieu aujourd'hui à midi, dans la chapelle de mon hôtel, et qu'il faut vous préparer.

VERNOUILLET.

L'abbé Anselme est prévenu; il m'a bien promis d'être exact. Toutes mes invitations pour la cérémonie ont été faites; la ville entière y sera.

ALINE.

Et nous danserons ce soir, n'est-ce pas?

VERNOUILLET.

Certainement, nous danserons!... c'est-à-dire, vous danserez.

ALINE, *riant.*

Oh! je ne vous force pas!

HERMINIE.

Voici le moment, monsieur le baron, de vous remettre ce portefeuille; il contient trois cent mille livres en bons billets de caisse. Ce sont les produits des revenus d'Aline accumulés depuis dix ans.

VERNOUILLET.

Je prends le portefeuille, mais c'est pour le remettre à sa légitime propriétaire. Ma chère Aline, disposez de cette somme ainsi que vous l'entendrez, elle vous appartient.

HERMINIE.

Ah! c'est bien, monsieur le baron.

ALINE, *prenant le portefeuille.*

Je pourrai dépenser tout cet argent-là?

VERNOUILLET.

Il est à vous.

ALINE.

C'est très-amusant de se marier.

SCENE II.

LES MÊMES, UN DOMESTIQUE.

LE DOMESTIQUE.

Madame, un des régimens qui depuis deux ans font la guerre en Flandre vient d'arriver dans Lille.

VERNOUILLET.

Ah! ah!

HERMINIE.

Eh bien?

LE DOMESTIQUE.

Un maréchal des logis se présente avec un billet de logement pour son colonel et pour lui.

HERMINIE.

Comme c'est désagréable le jour d'une noce !

VERNOUILLET.

Est-ce que, par votre position, vous n'êtes pas exempte de logemens militaires?

HERMINIE.

J'aurais pu l'être, mais je ne l'ai pas voulu.

AIR : *Vaudeville de Partie carrée.*

Dans ce pays riche propriétaire,
Si le hasard m'y donna de grands biens,
Je dois subir les charges que la guerre
Vient imposer à mes concitoyens :
Aux défenseurs de notre belle France
J'offre avec joie un généreux abri.

ALINE, *à part.*

Je le crois bien !... c'est encore une chance
D'accrocher un mari.

LE DOMESTIQUE.

Dois-je faire entrer?

HERMINIE.

Il le faut bien. Dites à ce maréchal des logis de venir.

VERNOUILLET, *à lui-même.*

Un colonel!... oh! si c'était!... mais non!... un mariage et une vengeance le même jour, ce serait trop de bonheur.

SCENE III.

VERNOUILLET, ALINE, POLIVEAU, HERMINIE.

POLIVEAU.

C'est à mademoiselle de Tourvel que j'ai l'honneur de parler?

HERMINIE.

Oui, mon ami, approchez.

POLIVEAU.

Si vous voulez bien prendre lecture de ce billet...

ALINE, *l'examinant.*

Mais il me semble, malgré ses moustaches...

POLIVEAU, *se retournant.*

Eh ! je ne me trompe pas, c'est mademoiselle Aline de Pommereuil !... et mon ancien maître !

ALINE.

Comment, Poliveau, c'est vous !... Et votre colonel?...

POLIVEAU.

M. le marquis de Blandas, mon frère de lait.

VERNOUILLET.

Il est ici?

POLIVEAU.

Arrivé tout-à-l'heure.

VERNOUILLET, *à part.*

Je le tiens donc enfin !

ALINE.

Et par quel hasard ?

POLIVEAU.

Mon Dieu, c'est la chose la plus simple: après deux ans de guerre, une trève est signée; notre régiment a reçu l'ordre de rentrer en France; on ne peut loger chez une noble demoiselle que les gens les plus distingués de l'armée, et naturellement nous sommes échus en partage à madame, mon colonel et moi!... voilà!... Sera-t-il aise de vous revoir!

VERNOUILLET.

Pas plus que moi, je t'en réponds.

HERMINIE.

Le marquis de Blandas est donc de vos amis ?

POLIVEAU.

Comment donc?... un ami intime!... C'est à monsieur que mon colonel doit son régiment.

VERNOUILLET.

Oui, il me le doit !... c'est parfaitement juste.

POLIVEAU.

Et par suite, toute la gloire qu'il vient d'acquérir pendant la campagne !... Nous étions toujours les premiers au feu.

VERNOUILLET.

L'imprudent ne songeait donc pas à ses créanciers?

POLIVEAU.

Est-ce qu'il avait le temps?... Mon colonel a pris une redoute, lui vingtième.

VERNOUILLET.

C'est très-indélicat!

POLIVEAU.

Aussi, que d'éloges il a reçus !... Oh ! il ira loin, mon frère de lait!

VERNOUILLET, *à part.*

Si je ne l'arrête pas en route.

ALINE.

Vous nous raconterez tout cela, n'est-ce pas, Poliveau?... C'est si beau un guerrier victorieux!

POLIVEAU.

Quand il rapporte tous ses membres.

HERMINIE.

Comment !... est-ce que le colonel...

POLIVEAU.

Oh! non, mademoiselle, non... il est au complet.

HERMINIE.

Ah ! vous m'aviez fait peur.

POLIVEAU, *à part.*

Il paraît qu'elle n'aime pas les ébréchés.

HERMINIE.

Venez, mon ami, suivez-moi, je vais vous montrer l'appartement que je destine à M. le marquis de Blandas.

POLIVEAU.

A vos ordres, madame.

ENSEMBLE.

AIR : *Vous disiez vrai, mademoiselle.* (Pensionnaire mariée.)

HERMINIE.

Pour les soutiens de notre France

On peut compter sur tous mes soins ;
Je consacre mon opulence
A prévenir tous leurs besoins.

VERNOUILLET.

A ces soutiens de notre France
Tandis qu'elle donne ses soins,
Moi, je prépare ma vengeance,
Elle aura de nombreux témoins.

POLIVEAU.

Pour les soutiens de notre France
On peut compter sur tous ses soins ;
Ils sont sûrs de sa complaisance,
Surtout quand ils n'ont rien de moins.

ALINE.

Pour les soutiens de notre France
On peut compter sur tous ses soins :
Elle applique son opulence
A prévenir tous leurs besoins.

HERMINIE, *à Aline.*

Allez vous préparer, ma chère,
Songez que tout est convenu,
Et que, dans une telle affaire,
On regrette le temps perdu.

REPRISE DE L'ENSEMBLE.

SCENE IV.

VERNOUILLET, *seul.*

Ah ! le voilà revenu en France !... et c'est dans cette ville... que dis-je? dans cette maison qu'il tombe, juste au moment où je m'y trouve !... le hasard ne pouvait pas mieux me servir. Pardieu, monsieur le marquis, nous allons voir !... Vous m'empruntez cent mille livres, et Dieu sait ce que vous me donnez en échange, car je n'ai pas été dupe des balivernes que m'a contées ma défunte... elle m'a voulu prouver que... mais des preuves comme ça... Non, non, je connais parfaitement mon affaire, et voilà l'instant de me venger de M. le marquis de Blandas... Je ne pouvais pas le faire arrêter en Flandre, mais ici, c'est différent!... Le terme est expiré, je me suis mis en règle, il faudra qu'il me paie, ou sinon... en prison, monsieur le vainqueur !... Mon tour est venu, et bientôt nous serons quittes.

SCENE V.

LE MARQUIS DE BLANDAS, VERNOUILLET.

LE MARQUIS, *à la cantonade.*

Merci, mon ami, merci... Eh ! l'on ne m'avait pas trompé, c'est bien lui !... Bonjour donc, mon cher créancier!

VERNOUILLET.

Bravo, monsieur le marquis! je vois avec plaisir que vous avez de la mémoire.

LE MARQUIS.

Puis-je oublier le service que vous m'avez rendu ?... et si généreusement !... Ce cher Vernouillet !

VERNOUILLET.

Je me nomme aujourd'hui le baron Desgrignons.

LE MARQUIS.

Bah ! vraiment?... Eh bien, j'en suis charmé pour vous, c'est un nom plus chrétien... Et comment se porte votre aimable femme?

VERNOUILLET.

Parfaitement !... elle est morte depuis quinze mois.

LE MARQUIS.

Morte !... est-ce possible ?

VERNOUILLET.

Elle avait toujours été d'une santé faible, et ma foi, une fluxion de poitrine, à la suite d'un bal...

LE MARQUIS.

Oh ! mon ami, je partage sincèrement votre affliction.

VERNOUILLET, *à part.*

Oui, il aime beaucoup à partager avec moi.

LE MARQUIS.

Cette perte a dû vous causer un tel chagrin...

VERNOUILLET.

Certainement... le chagrin... Après ça, vous me direz: au milieu du tourbillon des affaires, on n'a guère le temps...

LE MARQUIS.

Ah !

VERNOUILLET.

On est mari, soit !... mais d'abord on est financier.

LE MARQUIS.

C'est juste.

VERNOUILLET.

Il faut sans cesse faire des calculs, et le chagrin ça distrait.

LE MARQUIS.

On pourrait se tromper dans une soustraction!

VERNOUILLET.

Et c'est très-dangereux !... A propos, cela me conduit naturellement à vous parler de certaine petite affaire.

LE MARQUIS.

Ah ! ma dette de cent mille livres !

VERNOUILLET.

Deux cents, si vous voulez bien le permettre... J'ai votre billet.

LE MARQUIS.

Oui, oui, vous avez raison... d'ailleurs, cent ou deux cents, c'est pour moi absolument la même chose.

VERNOUILLET.

Ah ! très-bien !... c'est-à-dire que vous avez pris vos mesures pour vous acquitter?

LE MARQUIS, *souriant.*

Mes mesures! mes mesures !

VERNOUILLET.

Moi, j'ai pris les miennes, voyez-vous?... Le terme fixé par vous-même est expiré; j'ai jugement exécutoire, et il faut me payer, monsieur le marquis.

LE MARQUIS.

C'est pardieu bien mon intention!... Mais vous savez ce que je vous ai dit il y a deux ans: pour vous payer, il faut que je me marie.

VERNOUILLET.

Eh bien, vous avez eu le temps... en Flandre.

LE MARQUIS.

Oh! en pays conquis, on aime, on aime beaucoup... mais on n'épouse guère.

VERNOUILLET.

Ainsi, vous êtes encore garçon?

LE MARQUIS.

Hélas! oui!... et jusqu'à ce qu'une riche héritière... Du reste, ça ne peut pas tarder.

VERNOUILLET.

Sans doute, sans doute... et du moment que vous êtes tout disposé...

LE MARQUIS.

Mon Dieu, il ne me manque que la femme.

VERNOUILLET.

Qu'à cela ne tienne.

LE MARQUIS.

Comment?

VERNOUILLET.

Envoyer en prison un brillant colonel, couvert de lauriers, ça me serait si pénible!

LE MARQUIS.

Et à moi donc!

VERNOUILLET.

Grâce à Dieu, nous n'en viendrons pas là.

LE MARQUIS, *à part.*

Que diable veut-il dire?

SCENE VI.

POLIVEAU, LE MARQUIS, VERNOUILLET, HERMINIE.

POLIVEAU.

Bien des remerciemens, mademoiselle, pour mon colonel et pour moi; nous serons à merveille... Eh mais, le voici lui-même.

LE MARQUIS, *s'inclinant.*

Mademoiselle...

VERNOUILLET.

J'ai l'honneur de vous présenter monsieur le marquis de Blandas.

HERMINIE, *à part.*

Il est joli garçon. (*Haut.*) Je suis charmée que le hasard m'ait donné un hôte comme monsieur le marquis.

LE MARQUIS.

C'est à moi de le remercier, mademoiselle.

VERNOUILLET, *souriant.*

Oh! le hasard! le hasard a bon dos.

HERMINIE.

Comment?

VERNOUILLET.

Le hasard n'est pour rien dans tout cela.

LE MARQUIS.

Bah!

VERNOUILLET.

Monsieur le marquis n'avait garde de choisir un autre gîte que cette maison.

LE MARQUIS.

Je ne comprends pas.

VERNOUILLET.

Il n'est plus temps de faire le mystérieux, mon jeune ami.

HERMINIE.

Expliquez-vous.

VERNOUILLET.

Ces amoureux ont des ruses!

HERMINIE.

Une ruse d'amoureux?

LE MARQUIS, *à part.*

Est-ce qu'il est devenu fou?

VERNOUILLET.

Oui, mademoiselle, monsieur le marquis a un amour dans le cœur.

LE MARQUIS.

Hein?

POLIVEAU, *à part.*

Ah! bah! encore?

VERNOUILLET.

Il y a deux ans, avant de partir pour l'armée, mon jeune ami avait aperçu une femme charmante dont les grâces et la beauté avaient fait sur lui une vive impression.

LE MARQUIS, *à part.*

Où veut-il en venir?

VERNOUILLET.

Il emporta son image au milieu des combats, et, vainqueur aujourd'hui, paré de sa gloire, il a voulu loger dans la maison qu'elle habite.

HERMINIE.

Plaît-il?

POLIVEAU, *à part.*

Ce serait Mlle Aline!

LE MARQUIS.

Mais, monsieur...

VERNOUILLET.

Oui, mademoiselle; amant discret et timide, non moins qu'intrépide guerrier, il hésitait à offrir l'hommage de son cœur... mais moi, son confident, j'abrège d'inutiles formalités, et je viens pour lui vous demander... votre main.

HERMINIE.

Ma main?

LE MARQUIS, *abasourdi.*

Ah! mon Dieu!

POLIVEAU, *à part.*

Qu'est-ce que c'est que ça?

HERMINIE.

Qu'entends-je! ce serait moi!

VERNOUILLET.

Eh oui, mademoiselle, c'est vous.

LE MARQUIS.

Monsieur!... monsieur!...

VERNOUILLET.

Ah! vous voudriez en vain m'imposer silence! Vous êtes trop timoré aussi pour un colonel, et il est temps que mademoiselle sache tout.

HERMINIE.

J'avouerai que ma surprise...

LE MARQUIS.

N'est pas plus grande que la mienne.

VERNOUILLET.

Vous ne vous attendiez pas à cela, hein? mais soyez tranquille, Mlle Herminie de Tourvel ne se formalisera pas de mon empressement et du vôtre! N'est-il pas vrai?

HERMINIE.

Certainement, l'offre de M. le marquis est trop honorable... et cet amour que j'ignorais... les officiers qui me courtisent sont si nombreux, que dans la foule je n'avais pas remarqué... Mais aussi pourquoi vous taire?

AIR : *Un petit coin.*

Il faut parler! (*bis.*)
Ce qu'on souhaite, on le demande :
Il faut parler! (*bis.*)
Que gagne-t-on à reculer?
Il se peut qu'une femme attende,
Mais, monsieur, pour qu'on vous entende,
Il faut parler! (*bis.*)

LE MARQUIS.

Permettez donc...

VERNOUILLET, *l'interrompant.*

Eh bien, oui, mademoiselle vous permet d'espérer!

HERMINIE.

Sans doute.

Même air.

Il faut parler! (*bis.*)

LE MARQUIS.

Mais c'est la faveur que j'implore!...

HERMINIE.

Il faut parler! (*bis.*)
Notre aspect vous fait-il trembler?
Au cœur de celle qu'on adore
Si l'on veut voir l'amour éclore,
Il faut parler! (*bis.*)

LE MARQUIS.

Encore une fois, je ne demande pas mieux, et...

VERNOUILLET, *à demi-voix.*

Ce mariage ou la prison!

LE MARQUIS.

Oh! je suffoque!

Il s'appuie sur un fauteuil.

VERNOUILLET, *bas.*

A mon tour, monsieur le marquis!

HERMINIE.

Eh mais... M. le marquis semble mal à son aise!

POLIVEAU, *à part.*

Il y a de quoi.

VERNOUILLET.

L'émotion... l'amour... la joie... et puis la faim peut-être!... il a fait une longue route, et...

HERMINIE.

Je vais faire servir à déjeuner tout de suite. Remettez-vous, monsieur le marquis, et croyez que cette passion mystérieuse, cette constance discrète... Ah! c'est beau! c'est beau!... voilà comme étaient jadis nos paladins!

POLIVEAU, *à part.*

Ils avaient un drôle de goût, les paladins!

SCENE VII.

POLIVEAU, LE MARQUIS.

POLIVEAU.

Dites donc, mon colonel, qu'est-ce que tout cela signifie?

LE MARQUIS, *arpentant le théâtre.*

Cela signifie, mon cher Poliveau, que M. Vernouillet prend sa revanche, et que c'est mon tour d'être mystifié.

POLIVEAU.

Ça n'est pas vrai, hein, que vous avez une passion pour cette vieille folle?

LE MARQUIS.

Es-tu plus fou qu'elle, toi qui m'adresses une pareille question?

POLIVEAU.

Dam! le Vernouillet avait un tel aplomb!

LE MARQUIS.

Ne comprends-tu pas qu'il se venge? que je lui dois deux cent mille livres? qu'il a mon billet? que pour m'acquitter je lui ai parlé d'épouser une héritière, et qu'il me place entre celle-ci et une prison?

POLIVEAU.

Et qu'allez-vous faire?

LE MARQUIS.

Ma foi... (*Un domestique apporte une table servie.*) D'abord, je vais déjeuner!... Voilà une table tout-à-fait engageante.

POLIVEAU, *examinant la table.*

Fichtre! la bourgeoise fait bien les choses.

LE MARQUIS, *assis à table.*

Le champagne porte conseil!... Allons, imite-moi!...

Il mange.

POLIVEAU, *prenant une croûte de pâté.*

Je n'ai pas le courage.

LE MARQUIS.

Mange donc, imbécile.

POLIVEAU, *mangeant debout.*

Oh! non!... vrai! je sens là... votre accident... ça m'étouffe.

LE MARQUIS, *riant.*

Mon accident... et la croûte de pâté!... Bois pour que tout cela passe.

Il lui donne un verre de champagne.

POLIVEAU, *après avoir bu.*

Mais aussi, ça n'a pas le sens commun! Vous aviez bien besoin de plaire à sa défunte, il y a deux ans!

LE MARQUIS.

Oh! elle y a mis de la bonne volonté! Charmante petite femme!

POLIVEAU, *mangeant.*

Ah! oui, je vous conseille de regretter cette coquette-là! elle vous met dans une jolie situation aujourd'hui... c'est ce qui rend le Vernouille implacable.

LE MARQUIS, *buvant.*

M'en vouloir pour si peu de chose!.... Que ces financiers sont ridicules!... A leur santé!

Il verse à Poliveau.

POLIVEAU, *après avoir bu.*

C'est qu'il n'y a pas à dire, il faut payer ou épouser la vieille.

LE MARQUIS, *buvant.*

Douce alternative!

POLIVEAU.

Sinon, il vous campe en prison sans pitié... Et ce n'est pas là que vous trouverez deux cent mille livres.

LE MARQUIS, *riant.*

J'en ai peur.

POLIVEAU, *mangeant.*

Alors, votre avenir est perdu! plus de combats, plus de gloire, plus d'espérances!

LE MARQUIS, *buvant.*

C'est pardieu vrai!

POLIVEAU, *après un moment de réflexion.*

Après ça, la cuisine est bonne ici! il y aurait moyen de vivre avec cette femme-là.

LE MARQUIS, *lui versant à boire.*

Gourmand!... manger n'est pas vivre.

POLIVEAU.

Ça n'y nuit pas! (*Il boit.*) Le vin de la future est vieux.

LE MARQUIS, *buvant.*

Et la future est comme son vin.

POLIVEAU.

Ah! bah! avec un peu de résignation...

LE MARQUIS.

Veux-tu bien te taire!... j'aimerais mieux... Eh mais oui, j'ai cette ressource-là.

POLIVEAU, *vivement.*

Quelle ressource?

LE MARQUIS, *débouchant une seconde bouteille.*

Pardieu! de me faire sauter la cervelle! Tiens, ça partirait comme ce bouchon!

POLIVEAU.

Ah oui, c'est juste, je n'y pensais pas!... Avez-vous perdu l'esprit?

LE MARQUIS, *après avoir bu.*

Au fait, se tuer, c'est bête! (*Il verse à boire à Poliveau.*) Il vaut mieux fuir.

POLIVEAU.

Fuir?

LE MARQUIS.

Devant un pareil ennemi, la fuite est permise.

POLIVEAU, *buvant.*

Cet ennemi-là a pourtant du bon.

LE MARQUIS, *buvant.*

Malotru! il se damnerait pour un verre de vin.

POLIVEAU.

Notre premier père nous a bien damnés pour une pomme.

LE MARQUIS.

Écoute-moi. Nous allons retourner en Flandre. Va seller nos chevaux en secret.

POLIVEAU.

A la bonne heure!... Mais j'en reviens toujours là... Pourquoi diable avez-vous plu à sa femme il y a deux ans?

LE MARQUIS.

Pourquoi ne suis-je pas laid comme toi?

POLIVEAU.

Merci!

LE MARQUIS.

Allons, va, fais diligence, et tais-toi surtout.

AIR : *Vaudeville des Frères de lait.*

Je suis, hélas! pris dans une embuscade,
Et tu fais plus que de sauver mes jours,
Si tu parviens, mon pauvre camarade,
A m'en tirer, en me prêtant secours :
C'est à toi seul qu'aujourd'hui j'ai recours!
Comme un guerrier, l'orgueil de la patrie,
Qui par ces mots naguère s'illustra,
Sous les mousquets, ton colonel te crie :
« Auvergne, à moi!... les ennemis sont là! »

POLIVEAU.

Sous les mousquets quand mon colonel crie :
« Auvergne, à moi!... » Je réponds : Me voilà!

SCENE VIII.

LES MÊMES, ALINE.

ALINE, *à Poliveau, à la porte du fond.*

C'est vous, Poliveau! Qu'est-ce que je viens d'apprendre? est-il vrai que...

POLIVEAU.

Pardon, mademoiselle... je suis pressé, et je n'ai rien à vous dire. Voilà mon colonel qui pourra répondre à vos questions.

Il sort.

SCENE IX.

ALINE, LE MARQUIS.

LE MARQUIS, *à table et buvant.*

Décidément, je crois que c'est le meilleur parti.

ALINE, *à elle-même.*

Il faut que je sache si c'est vrai.

Elle s'avance. Un domestique entre et enlève la table.

LE MARQUIS, *l'apercevant et se levant.*

Que vois-je?... mademoiselle Aline de Pommereuil?...

ALINE.

Ah! monsieur le marquis me reconnaît?

LE MARQUIS.

Quand on vous a vue, peut-on vous oublier?

ALINE.

Écoutez donc!... c'est long, deux ans.

LE MARQUIS.

Je ne vous savais pas dans cette maison.

ALINE.

Je suis chez ma cousine Mlle Herminie de Tourvel.

LE MARQUIS.

Ah !

ALINE.

Et l'on assure que vous allez devenir mon cousin.

LE MARQUIS.

Quoi !... l'on vous a déjà parlé?

ALINE.

Oui, sans doute !... ça m'a un peu étonnée d'abord... mais ça m'a fait plaisir.

LE MARQUIS.

Bien obligé !

ALINE.

Tiens !... est-ce que ça vous fâche d'épouser ma cousine ?

LE MARQUIS.

Mais, mademoiselle, avez-vous pu croire ce mariage possible ?

ALINE.

Qui donc s'y opposerait ?... ma cousine est majeure.

LE MARQUIS.

Je m'en suis bien aperçu.

ALINE.

Elle est très-riche.

LE MARQUIS.

Qu'importe la fortune quand il s'agit du bonheur ?

ALINE.

Et vous croyez que ma cousine ne ferait pas le vôtre ?

LE MARQUIS.

Songez donc à son âge.

ALINE.

Qu'est-ce que ça fait, l'âge ?

LE MARQUIS.

Ce que ça fait ?

ALINE.

Oui !... on se marie pour être libre, pour porter des diamans, pour aller dans les bals, dans les fêtes, dans les spectacles.

LE MARQUIS.

Vous croyez que c'est pour cela seulement qu'on se marie ?

ALINE.

Est-ce qu'il y a autre chose ?

LE MARQUIS.

Quoi ! vous n'avez jamais soupçonné que le mariage a d'autres joies ?

ALINE.

Dam ! je ne dis pas... Il y a deux ans, il m'était venu des idées...

LE MARQUIS.

Il y a deux ans ?...

ALINE.

Oui... mais ça a passé bien vite... J'ai vu que je me trompais !...

LE MARQUIS.

Non, mademoiselle, vous ne vous trompiez pas, et un jour vous apprendrez qu'on se marie pour partager avec un être bien-aimé les plaisirs et les chagrins !... pour faire une seule vie de deux existences !

ALINE.

Ah !...

LE MARQUIS.

Et quand l'âge a d'avance séparé ce qu'on s'obstine à réunir ?... quand tout diffère, les goûts, les sentimens, les impressions, qu'arrive-t-il ?

ALINE.

Je ne sais pas.

LE MARQUIS.

Je vais vous le dire.

ALINE.

Vous m'obligerez.

LE MARQUIS.

Au lieu de ce bonheur intime de deux âmes qui se cherchent et se comprennent, de cette douce communauté de pensées et de désirs, on ne s'entend sur rien.

ALINE.

Oui-dà ?

LE MARQUIS.

D'une part, exigences et tyrannie !... de l'autre, abnégation ou révolte !

ALINE.

Ah ! mon Dieu !...

LE MARQUIS.

Ce qui devait être un bonheur devient un insupportable devoir : on se querelle, on s'évite, on se déteste !

ALINE.

Vraiment ?

LE MARQUIS.

Et cette vie, si douce à porter quand l'amour et la sympathie l'embellissent, n'est plus qu'une suite de tourmens et de malheurs.

ALINE.

Oh ! mais c'est effrayant !

LE MARQUIS.

Comprenez-vous maintenant pourquoi je ne peux pas épouser votre cousine ?

ALINE.

Je commence !... mais dites-moi !... quand c'est une jeune fille qui épouse un vieux ?

LE MARQUIS.

C'est pire encore peut-être.

ALINE.

Pire ?...

LE MARQUIS.

Tandis que lorsqu'une heureuse conformité d'âge établit entre deux époux une sympathique union de goûts et d'émotions...

ALINE.

Ah ! oui !... alors ?...

LE MARQUIS.

Le mariage est un bonheur de tous les instans.

ALINE.

Quand l'un a envie d'aller au bal, l'autre ne désire pas rester à la maison ?

LE MARQUIS.

On multiplie les plaisirs en les partageant.

ALINE.

On se cherche, et l'on est heureux de se trouver ?

LE MARQUIS.

On lit dans les yeux de ce qu'on aime toute la joie qu'on donne.

ALINE.

Et l'on en prend sa part ?

LE MARQUIS.

Si les chagrins surviennent, un regard tendre...

ALINE.

Une parole consolante...

LE MARQUIS.

Et les chagrins sont oubliés.

AIR : *Départ du petit Savoyard.* (Bérat.)

Unis par les mêmes vœux,
Deux époux qu'amour rassemble,
En les savourant ensemble,
Doublent les momens heureux !
Pour eux le jour qui se lève
Vaut le jour qui s'est enfui ;
Il passe comme un doux rêve,
Laissant la joie après lui !...
A leurs côtés l'amour veille,
Et les conduit par la main,
Des souvenirs de la veille
A l'espoir du lendemain !

ALINE.

Ah ! de ces liens heureux
Que j'aime la douce image !
On n'a qu'un même langage,
On n'a qu'une vie à deux !
Dans une seule pensée
Se cache un double bonheur !...
Et la phrase commencée
S'achève dans l'autre cœur !

ENSEMBLE.

A leurs côtés l'amour veille, etc.

ALINE.

Oh !... c'est une vie délicieuse !

LE MARQUIS.

Quelque jour, ce sera la vôtre.

ALINE.

La mienne ?... pas le moins du monde.

LE MARQUIS.

Comment ?

ALINE.

Eh bien ! oui !... les exigences, la tyrannie, les querelles... enfin tout ce que vous avez dit... voilà mon avenir.

LE MARQUIS.

Et pourquoi cela ?

ALINE.

Parce que je me marie.

LE MARQUIS.

Vous vous mariez ?

ALINE.

Dans une heure !... vous ne le saviez pas ?

LE MARQUIS.

Non sans doute !... Et avec qui donc vous mariez-vous ?

ALINE.

Avec un vieux.

LE MARQUIS.

Ah ! mon Dieu !... M. Vernouillet, peut-être ?

ALINE.

Lui-même !... Ainsi vous voyez bien...

LE MARQUIS.

Et comment avez-vous pu accepter ?

ALINE.

Je m'ennuyais tant !

LE MARQUIS.

Pauvre jeune fille !

ALINE.

Voyez pourtant ce que c'est qu'une mauvaise éducation ! Au couvent, on ne nous enseigne rien de ce qu'il faudrait savoir, et je ne me doutais pas...

LE MARQUIS.

Mais à présent ?...

ALINE.

A présent ?... j'ai peur !

LE MARQUIS.

Ce mariage-là ne peut pas se faire.

ALINE.

Le moyen de l'empêcher ?

LE MARQUIS.

Je ne sais !... mais il me semble... Si vous refusiez ?...

ALINE.

Quand j'ai consenti ? quand tout est prêt pour la cérémonie ?... Et puis, je ne suis pas majeure, moi !... On me renverrait au couvent !... Non, non, c'est impossible !

LE MARQUIS.

Mais c'est affreux !

SCENE X.

ALINE, LE MARQUIS, POLIVEAU.

POLIVEAU.

Mon colonel, nos chevaux sont sellés, vous pouvez partir.

ALINE.

Quoi !... vous vous en allez ?

LE MARQUIS.

Non !... je ne pars plus.

POLIVEAU.

Bah !... vous vous résignez à la vieille ?

LE MARQUIS.

Jamais !

POLIVEAU.

Vous vous décidez pour la prison ?

ALINE.

La prison ?...

POLIVEAU.

Eh oui, mademoiselle !... Une malheureuse

dette de deux cent mille livres... et pas de grâce à espérer... parce que mon colonel, il y a deux ans...

LE MARQUIS.

Poliveau !

POLIVEAU.

C'est juste !... motus !... Toujours est-il que si vous ne profitez pas du moment pour fuir, vous êtes pincé... J'ai vu entrer dans la maison des figures...

ALINE.

Oh ! partez, monsieur ! partez !...

LE MARQUIS.

Que je parte ?... que je vous laisse ici exposée à devenir la femme d'un Vernouillet ?

POLIVEAU, *étonné.*

Bah !...

ALINE.

Mais puisqu'il n'y a plus moyen de faire autrement ?

LE MARQUIS.

Eh bien, je serai près de vous, du moins !... je respirerai l'air que vous respirez.

ALINE.

Dans une prison ?

LE MARQUIS.

J'y serai moins malheureux que sur une terre étrangère.

AIR *d'Yelva.*

Moi, loin de vous exiler ma souffrance !...
Non !... de ces lieux rien ne peut me bannir !
Captif ici, j'ai du moins l'espérance
De réveiller parfois un souvenir !

ALINE.

Oui, des périls que vous avez à craindre
La seule image a fait battre mon cœur !...

LE MARQUIS.

Qu'ai-je entendu ?... vous daignerez me plaindre ?...
Ah ! que d'heureux envîraient mon malheur !
Oui, s'il est vrai que vous daigniez me plaindre,
Combien d'heureux environt mon malheur !

POLIVEAU, *à part.*

Comment ?... encore celle-là ?... Décidément le Vernouillet est prédestiné.

LE MARQUIS.

Maintenant que je vous ai revue... partir est impossible !

ALINE.

Pauvre jeune homme !

POLIVEAU.

Allons, bon !... Il n'est plus temps.

SCENE XI.

ALINE, HERMINIE, VERNOUILLET, LE MARQUIS, POLIVEAU.

VERNOUILLET.

Eh bien ! mon cher marquis, réjouissez-vous ! j'ai réussi.

LE MARQUIS.

A quoi donc, monsieur ?

VERNOUILLET.

A faire votre bonheur !... Mademoiselle est décidée !... elle accepte votre cœur et votre main.

POLIVEAU, *à part.*

Elle n'est pas dégoûtée, la vieille.

LE MARQUIS.

Mademoiselle est mille fois trop bonne.

VERNOUILLET.

Oh ! ça n'a pas été sans peine !... mais j'ai plaidé votre cause avec une éloquence...

LE MARQUIS.

Dont je vous sais un gré infini.

HERMINIE.

Je l'avouerai, cette déclaration si brusque... ce mariage pour ainsi dire improvisé... m'inspiraient quelque effroi... moi qui ai toujours reculé devant de pareils liens !... moi qui refusais, presque toutes les semaines des prétendans.

ALINE, *à part.*

Il devrait être défendu à une vieille fille de mentir comme ça !

HERMINIE.

J'ai cédé enfin !... Votre passion discrète... votre constance... puis, les renseignemens si avantageux que m'a donnés M. le baron...

POLIVEAU, *à part.*

C'est peut-être sa défunte qui les lui a fournis...

Il va prendre la droite de l'acteur.

HERMINIE.

AIR : *Ce que j'éprouve en vous voyant.*

Quand d'un amour aussi constant
Votre cœur s'est montré capable,
Je sens que je serais coupable
En prolongeant votre tourment ;
Je veux qu'il cesse promptement !
Le bonheur où votre âme aspire
Va bientôt combler tous vos vœux,
Car, sensible à vos doux aveux,
En rougissant je viens vous dire :
Amant discret, soyez heureux !
Voilà ma main !... soyez heureux !
Épousez-moi !... soyez heureux !

POLIVEAU, *à part.*

C'est facile à dire !

LE MARQUIS, *s'inclinant.*

Je suis profondément touché.

VERNOUILLET.

Et ce n'est pas tout !... Je viens, moi, d'envoyer un de mes gens dire à l'abbé Anselme de se trouver ici dans la chapelle une demi-heure plus tôt, parce qu'il aura l'honneur de marier le marquis de Blandas avant moi. Je vous cède le pas, mon jeune ami.

LE MARQUIS.

Trop aimable, en vérité !

VERNOUILLET.

Le fait est qu'on ne trouve pas beaucoup d'amis comme moi ! Voyez donc ce que vous me devez!... Et dans quel moment?... quand le sergent est là avec ses recors!... quand il n'y aurait qu'un coup de sonnette à donner pour vous envoyer entre quatre murailles!

ALINE, *à part.*

Oh!...

LE MARQUIS, *vivement.*

Vous dites... un coup de sonnette?

VERNOUILLET.

Eh! vraiment, oui! (*Le marquis commence à s'acheminer, et passe devant Vernouillet.*) Au lieu de cela, vous allez prendre la main que madame vous présente.

ALINE, *bas à Poliveau.*

Oh!... il y va!

POLIVEAU, *bas.*

Ma foi, il a raison!

HERMINIE, *tendant sa main au marquis, arrivé près d'elle.*

Voilà!

LE MARQUIS, *passant devant elle et saluant profondément.*

Pardon, mademoiselle!

HERMINIE, *étonnée.*

Que faites-vous?

LE MARQUIS, *très-calme.*

Je sonne.

ALINE.

Ah!

POLIVEAU.

Oh!

VERNOUILLET.

Mais...

SCENE XII.

LES MÊMES, UN SERGENT.

LE MARQUIS.

Qu'on me mène en prison.

LE SERGENT, *se tenant au fond.*

Vous, monsieur?

LE MARQUIS.

Je suis le marquis de Blandas.

LE SERGENT.

Ah! très-bien!... à vos ordres, monsieur le marquis.

HERMINIE.

Que veut dire cela?

LE MARQUIS.

Cela veut dire, mademoiselle, que je suis pénétré de reconnaissance pour vos bontés; mais que cet amour dont vous a parlé monsieur le baron n'a jamais existé que dans son esprit; que tantôt j'ai vainement essayé de vous dissuader... on ne m'a pas laissé placer une parole... et que je ne puis vous offrir mon cœur... car il ne m'appartient plus.

ALINE, *à part.*

Que de noblesse!

HERMINIE.

Quelle indignité!

LE MARQUIS.

Veuillez donc me pardonner une méprise dont je ne suis point coupable.

HERMINIE.

C'est une horreur! (*A Vernouillet.*) Qu'est-ce que vous êtes venu me conter, vous?

VERNOUILLET.

Dam, je croyais être sûr...

HERMINIE.

Taisez-vous! vous êtes un gros...

VERNOUILLET.

Un gros... quoi?...

HERMINIE.

Un gros... mal avisé!

LE MARQUIS.

Je serais désolé de vous affliger, mademoiselle.

HERMINIE.

M'affliger?... m'affliger?... Je vous trouve plaisant d'imaginer que je m'afflige d'une pareille chose!

ALINE, *à part.*

Le fait est que depuis trente ans elle doit en avoir l'habitude.

HERMINIE.

En vérité, les jeunes gens sont incroyables aujourd'hui!... Voilà de beaux soupirans pour qu'on les regrette!... Vous verrez que des femmes de ma sorte s'affligeront pour ces petits étourneaux qui ne soulèveraient pas la queue de nos vertugadins!

LE MARQUIS.

Croyez que mon respect...

HERMINIE.

Du respect!... du respect!... Ils n'ont plus que ce mot-là à la bouche!... Ah! silence! allez en prison, petit malheureux!

LE MARQUIS.

J'y vais, mademoiselle; je ne demande à monsieur que le temps de prendre mon manteau. Poliveau m'apportera le reste de mon bagage.

LE SERGENT.

Je vous accompagne jusqu'à votre chambre, monsieur le marquis; désormais nous sommes inséparables.

LE MARQUIS.

Vous êtes bien bon!

LE SERGENT.

Mes gens vous attendent en bas avec une voiture.

LE MARQUIS.

On n'est pas plus prévenant.

VERNOUILLET.

Ainsi, au lieu de vous acquitter...

LE MARQUIS, *à demi-voix.*

C'était trop cher.

POLIVEAU, *à lui-même.*

Où trouver à présent deux cent mille livres pour le tirer de là?

ALINE, *comme frappée d'une idée subite; à elle-même.*

Deux cent mille livres!... ah! (*A demi-voix.*) Poliveau... attendez-moi ici.

LE MARQUIS, *qui est allé prendre son chapeau sur un fauteuil au fond.*

Mesdames, monsieur, je vous présente mes humbles salutations : je souhaite aux personnes que je laisse ici tout le bonheur auquel il faut que je renonce. (*Au sergent.*) Marchons!

Le Marquis et le Sergent sortent.

VERNOUILLET.

Bon voyage, mon jeune ami! (*A lui-même.*) Si je ne suis pas payé, je serai vengé du moins.

HERMINIE.

On devrait camper entre quatre murs tous les petits freluquets...

ALINE, *riant.*

Qui ne veulent pas vous épouser?... les prisons seraient trop petites.

HERMINIE.

Qu'est-ce à dire?...

VERNOUILLET.

Allons, allons, ne songeons plus à ce mariage manqué, et occupons-nous du mien!... L'heure approche... ma jolie fiancée, votre toilette vous réclame.

ALINE.

Oui, oui, j'y cours.

Elle entre vivement dans sa chambre, en faisant un signe à Poliveau.

VERNOUILLET, *à Herminie.*

Allons recevoir les témoins.

HERMINIE, *sortant avec Vernouillet.*

Votre marquis est un impertinent!

SCENE XIII.

POLIVEAU, *seul.*

Que je l'attende?... que veut-elle me dire?...

SCENE XIV.

ALINE, POLIVEAU.

ALINE, *sortant mystérieusement de la chambre.*

Poliveau?...

POLIVEAU.

Mademoiselle?

ALINE.

N'est-ce pas deux cent mille livres qu'il faut au marquis pour l'empêcher d'aller en prison?

POLIVEAU.

Tout autant!

ALINE.

Il y a plus que cela dans ce portefeuille : prenez, et courez délivrer votre colonel.

POLIVEAU.

Qu'est-ce que vous dites?

ALINE.

Cet argent est à moi, j'en peux disposer comme il me plaira... qu'il rende la liberté à ce pauvre jeune homme.

POLIVEAU.

Par exemple!... mon colonel me tuerait!... souffrir que vous vous compromettiez pour lui?...

ALINE.

En refusant de fuir tout-à-l'heure, ne s'est-il pas compromis pour moi?

POLIVEAU.

C'est égal!..... accepter de l'argent d'une femme... de la femme de M. Vernouillet?... Ah! tout autre chose, je ne dis pas... (*A part.*) D'autant qu'il en a l'habitude. (*Haut.*) Mais des billets de caisse?... non, non, mademoiselle, jamais!...

ALINE.

Vous voulez donc qu'il languisse en prison?... qu'il soit malheureux?... que je sois malheureuse aussi?... Vous ne l'aimez donc pas?

POLIVEAU.

Je ne l'aime pas!... mon frère de lait?... moi qui me jetterais dans le feu... Oh! attendez!...

ALINE.

Qu'est-ce?...

POLIVEAU.

Vrai, mademoiselle, bien vrai, vous sentez-vous-là capable d'une grande résolution pour le sauver?

ALINE.

Je crois que je serais capable de tout.

POLIVEAU.

Je n'en demande pas davantage! (*Il va regarder par la fenêtre.*) Oui, ils ne sont pas encore partis, et peut-être...

ALINE.

Parlez!

POLIVEAU.

Je n'ai pas le temps!... Mais où pourrai-je vous retrouver?

ALINE.

Là! dans ma chambre!

POLIVEAU.

A-t-elle une autre issue que cette porte?

ALINE.

Oui, dans le corridor

POLIVEAU.

Allez m'y attendre... On vient!... et voilà mon colonel qui descend dans la cour avec ces faces de réprouvés... Par là, je serai plus tôt près d'eux.

Il enjambe la fenêtre.

ALINE.

Mais ce portefeuille?

POLIVEAU.

Gardez-le, et attendez-moi dans votre chambre.

Il saute.

ALINE.

Je n'y comprends rien... on approche... sauvons-nous!

Elle entre vite dans sa chambre pendant que la porte du fond s'ouvre.

SCENE XV.

HERMINIE, VERNOUILLET, INVITÉS *pour le mariage*, HOMMES *et* FEMMES.

CHOEUR DES INVITÉS.

AIR : *La belle nuit, la belle fête.*

De votre hymen voici la fête!
Quel avenir (*bis*) pour vous s'apprête!
La beauté comble vos désirs,
Amis (*bis*), soyons tout aux plaisirs!

VERNOUILLET.

Mille remerciemens de votre exactitude; l'abbé Anselme est dans la chapelle, et ma charmante fiancée termine sa toilette: dans peu d'instans la cérémonie aura lieu.

UN INVITÉ.

Ce qu'on vient de nous apprendre est-il vrai? Quoi! vous avez fait emprisonner le jeune colonel?

VERNOUILLET.

Parfaitement.

UNE FEMME.

Un si joli garçon! c'est affreux!

HERMINIE.

Affreux!... non, mesdames, il a bien fait... et quand vous connaîtrez la conduite de ce petit drôle...

TOUS.

Quoi donc? quoi donc?

HERMINIE.

M. le baron vient de me l'apprendre... écoutez!

VERNOUILLET.

Mais, mademoiselle...

HERMINIE.

Laissez-moi; je veux vous justifier... Sachez donc qu'il y a deux ans, un des amis intimes de M. le baron, honnête et riche financier, mari d'une très-jolie femme, prête cent mille livres à ce gringalet de marquis pour qu'il achète un régiment... et au moment même où son argent venait d'être donné, il découvre que son emprunteur est avec sa femme... en tête-à-tête!

TOUT LE MONDE.

Ah! ah!

HERMINIE.

C'était tout juste ce qu'il avait voulu éviter en prêtant la somme.

L'INVITÉ.

C'est très-drôle!

VERNOUILLET.

Vous trouvez?

HERMINIE.

Le mari court vite pour surprendre le coupable... ah! bien oui! sauté par la fenêtre, plus personne!... et alors, on veut démontrer au mari qu'il est dans son tort... Pas de preuves! obligé de se taire et de dévorer la pilule... qui lui coûtait cent mille livres.

TOUT LE MONDE.

O l'imbécile!

VERNOUILLET, *vivement.*

Oui? mais j'ai pris ma revanche.

TOUT LE MONDE.

Comment! vous?

VERNOUILLET.

Pardon, pardon! c'est que je m'identifie avec mon ami.

TOUT LE MONDE.

Ah! ah! ah!

VERNOUILLET.

Mais c'est assez nous occuper de ce freluquet. (*A Herminie.*) Votre cousine doit être prête, mademoiselle?

HERMINIE.

Je vais la chercher.

Elle entre dans la chambre d'Aline.

VERNOUILLET, *à lui-même.*

Cette fois-ci du moins je serai tranquille; notre petit marquis est en lieu de sûreté... et pour longtemps.

HERMINIE, *dans la coulisse.*

Ah! quelle horreur!

Elle rentre effarée.

VERNOUILLET.

Qu'y a-t-il?

HERMINIE.

Il y a, il y a... une pareille audace... Je suffoque! je m'évanouis!

Elle se jette sur un fauteuil, on se presse autour d'elle.

VERNOUILLET.

Ah! mon Dieu! je vais voir!

Il se précipite vers la chambre; Poliveau paraît.

SCENE XVI.

LES MÊMES, POLIVEAU.

VERNOUILLET, *reculant.*

Qu'est-ce que c'est que ça?

POLIVEAU.

C'est moi, monsieur le baron.

VERNOUILLET.

Vous!

Étonnement général.

POLIVEAU, *à Herminie.*

Il ne faut pas vous trouver mal pour un baiser, mademoiselle ; pardon, excuse, je me croyais encore en Flandre.

HERMINIE, *se levant.*

Manant !

VERNOUILLET.

Vous, dans cette chambre ?... Et ma fiancée ?

POLIVEAU.

Vous allez la voir, patience !... Et permettez, en attendant, que je termine avec vous une petite affaire au nom de mon colonel.

VERNOUILLET.

Quelle affaire ?

POLIVEAU.

Voilà le billet de deux cent mille livres qu'il avait souscrit en votre faveur.

VERNOUILLET.

Ce billet entre vos mains !

POLIVEAU.

Il est payé.

VERNOUILLET.

Payé !

POLIVEAU.

Complètement !... et mon colonel est libre.

TOUT LE MONDE.

Oh ! oh !

VERNOUILLET.

Où est l'argent ?

POLIVEAU.

Aux mains du sergent votre gracieux mandataire... et ce billet étant désormais inutile, je le déchire.

VERNOUILLET.

Je ne comprends pas.

POLIVEAU.

Ça va venir !

SCENE XVII.

HERMINIE, ALINE, LE MARQUIS, VERNOUILLET, POLIVEAU, LE SERGENT *et* DEUX RECORS *au fond ;* INVITÉS.

UN DOMESTIQUE, *annonçant.*

Monsieur le marquis et madame la marquise de Blandas.

VERNOUILLET.

Hein ?

TOUT LE MONDE.

Ah ! ah !

VERNOUILLET, *voyant Aline.*

Ma fiancée !

LE MARQUIS.

Non pas !... ma femme !

POLIVEAU.

Comprenez-vous à cette heure ?

VERNOUILLET.

Que signifie...

LE MARQUIS.

Cela signifie que l'abbé Anselme, mandé par vous-même pour marier M. le marquis de Blandas, a été exact, et qu'il vient de remplir sa mission.

VERNOUILLET.

Mais ce n'était pas avec...

LE MARQUIS, *souriant.*

Ah ! vous ne lui aviez pas dit le nom de la future.

HERMINIE.

Ce mariage est nul.

ALINE.

Qu'est-ce qui y manque ?

LE MARQUIS, *montrant le sergent, etc.*

Ce ne sont pas les témoins : ces messieurs nous en ont servi.

VERNOUILLET.

Je le ferai casser... et le mien seul...

POLIVEAU, *à demi-voix.*

Alors j'ai dans l'idée qu'il ne manquera rien au vôtre.

VERNOUILLET.

Ah !... mais cet argent ?

ALINE.

Était à moi... je pouvais en faire ce que je voudrais... j'ai payé les dettes de mon mari.

HERMINIE.

Comment avez-vous osé, mademoiselle ?...

VERNOUILLET.

Mais c'est affreux !

ALINE.

AIR : *Restez, restez, troupe jolie.*

Calmez, calmez votre colère !
Quels sont vos droits pour m'accuser ?
Si le Marquis a su me plaire,
Fallait-il donc le refuser ?

Elle passe entre le Marquis et Vernouillet.

Non !... quand je dus vous épouser,
Je n'acceptais le mariage
Que pour échapper à l'ennui !...
Il me semble, à son doux langage,
Que j'en suis plus sûre avec lui.

HERMINIE, *à part.*

M'avoir préféré... Petit drôle !

VERNOUILLET.

Cet homme est mon mauvais génie.

LE MARQUIS.

L'abbé Anselme vous attend dans la chapelle, prêt à vous marier à votre tour... et puisque mademoiselle était si bien disposée en ma faveur...

VERNOUILLET.

Oui, pour que vous m'enleviez encore celle-là, n'est-ce pas?

LE MARQUIS, *solennellement.*

Oh! cette fois, je pourrais vous répondre...

POLIVEAU.

Et je suis la caution de mon colonel.

HERMINIE.

Impertinens!

VERNOUILLET.

Laissez-moi tranquille!... je reste veuf!

HERMINIE.

Est-ce que vous croyez qu'on voudrait de vous?

LE MARQUIS.

Mais vous êtes payé... et ça me coûte cent mille livres, à mon tour.

VERNOUILLET.

Moi qui pensais qu'en fait de mystifications nous étions quittes!

POLIVEAU, *à demi-voix.*

Vous avez joué à quitte ou double.

Au Public.

AIR : *A l'âge heureux de quatorze ans.*

LE MARQUIS.

Le public donne son argent
Lorsqu'un titre nouveau l'invite;
L'auteur promet d'être amusant,
Heureux quand chacun d'eux est quitte.

ALINE.

Si vos bravos comblent nos vœux
Et chassent la peur qui nous trouble,
Songez-y bien, nous sommes deux,
Il faut donc que la part soit double.

CHOEUR.

AIR *du chœur final du Démon de la nuit.*

Chez nous plus de querelle,
Le plaisir nous appelle :
A leur bonheur (*bis.*)
Souscrivons de grand cœur.

FIN.

S'adresser, pour la musique de cet ouvrage, à M. R. TARANNE, bibliothécaire du théâtre du Vaudeville, et pour la mise en scène, à M. LUDOVIC, régisseur.

PARIS. — IMPRIMERIE DE Mme Ve DONDEY-DUPRÉ, Rue Saint-Louis, 46, au Marais.

www.ingramcontent.com/pod-product-compliance
Lightning Source LLC
LaVergne TN
LVHW010409240826
846091LV00020B/2858